La flamme
du cœur de l'âme

La transition consciente

avec son âme

La flamme
du cœur de l'âme

La transition consciente

avec son âme

Alain Jean REYNAUD

Impression : Libri Plureos GmbH, Friedensallee 273, 22763 Hambourg, (Allemagne)
ISBN : 979-10-982579-0-2
Dépôt légal : janvier 2026

1. L'énergie créée est le reflet de vos intentions

… et l'intention est le reflet de votre esprit

L'énergie est vivante, vibrante et créatrice avec le temps, selon comment vous la nourrissez et voulez qu'elle soit. Sachez que ce que vous émettez de votre esprit, de vos actions, de vos actes, de vos peurs… vibre au-delà de votre corps et s'accroche aux égrégores en correspondance vibratoire.

Tout cela est subtil et attrayant pour un être conscient : savoir qu'il est le seul maître à bord de sa vie, de sa création et de sa relation éveillée avec l'énergie active-productive pour son devenir, en tant qu'homme libre en esprit, est un accomplissement.

Il faut comprendre qu'une énergie semée est vivante, active et productive avec le temps. C'est une essence vibratoire créative que vous mettez en mouvement, soit intentionnellement, soit inconsciemment. Elle émane de vos pensées, de votre esprit créateur-acteur-transformateur, de votre vie être.

Vous êtes le semeur, l'arroseur de graines avec

l'intention énergétique que vous mettez en mouvement dans l'univers, ce qui va ensuite interférer dans votre devenir d'être humain. L'énergie se dégage de vos actions et cela conditionne sa vibration, à créer, à manifester. Selon comment vous la nourrissez, elle n'aura pas le même impact :

- En l'élevant énergétiquement ou
- En l'arrosant de vos intentions ruminées à répétition pour des réalisations terre-à-terre.

Comprenez que vous vivez dans ce nouveau monde de la conscience réalisée fusionnelle en Unité, où l'essence pure d'une énergie peut émettre et transmettre ce pour quoi elle a été programmée et voulue sans restriction.

Vous allez découvrir la puissance d'une énergie, qu'elle soit contrôlée, maîtrisée par un être conscient unifié ou un être inconscient qui attire en lui ce que son esprit a émis et semé.

Une énergie est vivante, vibrante en relation avec votre perception. Si vous pensez en termes de bien, de mal, bon, mauvais, vous laissez libre cours à votre intellect limité. L'énergie imagera ce que vous en concevez, car sa maîtrise correspond à qui vous êtes au moment présent où vous la cultivez, la semez, puis elle se réalise avec le temps. Il n'y a ni bon ni mauvais, il y a simplement ce que vous cultivez avec votre ouverture d'esprit. Une énergie est vivante, vibrante, actrice et productrice de votre devenir, que vous y mettiez une intention consciente ou pas.

Vous êtes un être qui rayonne ce qu'il produit mentalement, ce qu'il capte, entend et dont il fait la synthèse en ruminant le devenir de cette intention vibratoire. Vous êtes le représentant responsable de tout ce qui vous arrive, dans votre famille, dans votre pays, le monde qui est fait à l'image-pensée que vous imaginez.

Vous rentrez dans un monde nouveau pour beaucoup de personnes. Vous devez laisser derrière vous votre passé égocentrique, vos enseignements terrestres, vos savoirs, votre mental intellectuel… afin de laisser la nouvelle conscience du cœur, votre lumière divine, vous élever vers le haut de votre ascension divine. C'est un monde qui souvent dépasse l'entendement humain, car l'énergie possède une intelligence supérieure, bien présente, pour agir, transformer, apporter une autre dimension dans votre appréhension de sa matérialisation terrestre.

Nouveau monde, nouvelle conscience de vie qui se prépare pour vous, pour ascensionner dans le monde de la lumière de votre cœur exist-en-ciel.

2.   Le commencement pour la transition personnelle

Vous allez découvrir un monde merveilleux, inconnu du mortel des communs, un monde magique qui est en vous, dans vos profondeurs intérieures, un monde de transition pour un éveil à la découverte de soi.

Ce livre n'est pas fait pour les personnes intellectuelles qui ne vont pas au-delà des apparences, de la forme matière, car elles seront très limitées dans la compréhension supérieure qui en ressortira vibratoirement. Leur mental étant linéaire, elles ne pourront pas aller au-delà des mots, elles occulteront l'intention vibratoire de l'intelligence de l'énergie active que procure ce livre. Les mots sont vivants et vibrants, apportant des informations vibratoires qui pourraient beaucoup vous surprendre, mais également vous aider à élever votre conscience au-delà du paraître.

Ce monde intérieur que vous allez découvrir ou

que vous connaissez peut-être déjà est votre partie divine. Elle est en fusion, en unité avec tous les mondes supérieurs qui sont auprès de vous, en permanence, comme les Maîtres enseignants, les guides protecteurs, votre famille d'âme incluant des parents, des grands-parents, des amis décédés, que l'on nomme votre famille céleste.

À travers ce livre, vous découvrirez ces différents mondes qui existent dans vos profondeurs intérieures et qui se mettent en connexion télépathique avec vous quand vous êtes prêt à entendre, voir, mettre en mouvement une énergie active d'évolution… un certain savoir-faire supérieur qui souvent dépassera l'entendement humain.

Ce changement de personnalité viendra de votre prise de conscience à vous ouvrir au-delà de la matière, savoir qu'un autre monde existe en vous et que vous ne faites pas partie de ce monde de troisième dimension, mais d'un monde multidimensionnel où se trouve votre résidence « exist-en-ciel » d'appartenance. Le monde intérieur supérieur est votre partie divine cachée depuis votre naissance. Il se trouve au niveau du ventre, souvent appelé hara, la force intérieure qui vous protège, vous enseigne. Elle possède beaucoup de clés transformatrices et contient toutes vos incarnations antérieures. Ce monde intérieur divin contient toute votre famille céleste qui peut venir de différentes sphères, différentes planètes, différentes dimensions… et il est là pour vous servir, vous aider si vous lui demandez ; si vous faites l'effort de vous abandonner en vous-même, à la foi porteuse aveugle, mais régisseuse, active, enseignante et instructive pour votre destinée divine.

Vous êtes dans différents mondes quand vous êtes en unité du cœur avec votre partie divine. Nous allons utiliser la symbolique du NOUS, car nous sommes en vous dans votre unité fusionnelle quand vous êtes en correspondance vibratoire avec nous, nous formons l'unité être de votre cœur. Ce n'est plus le monde mentaliste intellectuel de la personnalité égocentrique qui vous parle, communique avec vous, mais nous, qui faisons partie intégrante de votre unité être, de votre évolution, de votre guidance, votre instruction… Nous allons échanger, fusionner par différentes approches de communication pour vous guider, vous enseigner un certain savoir-faire divin qui correspond à votre venue sur terre, pour un travail d'ascension, d'aide, de service que vous avez programmés et voulus avec nous, avant votre naissance sur terre.

Certains ont des dons télépathiques pour communiquer avec nous, les êtres intergalactiques, présents pour amener un enseignement général à la population, pour lui donner une voie d'évolution et d'ascension à suivre. D'autres sont des transmetteurs sur terre, ils ont leur canal intérieur ouvert et sont prédestinés à transmettre nos messages. Il s'agit d'instructeurs, de guides-enseignants, de Maîtres… Cela dépendra du service d'enseignement supérieur qu'ils doivent apporter d'abord en eux, et ensuite au monde pour aider à l'ascension et au grand passage à la nouvelle ère du Verseau, au grand changement de conscience.

Notre hôte, co-auteur de cet ouvrage, est là pour transmettre des vérités générales, pour amener des enseignements, des savoirs, des connaissances pour la transformation personnelle. Nous communions avec lui par le synonyme NOUS quand nous échangeons ensemble et lui transmettons nos messages de guidance. Nous ou Je SUIS, est la fusion d'unité que nous allons développer dans ce livre, pour que vous preniez conscience que vous êtes un TOUT avec toute vie sur terre et les autres mondes supérieurs et la source.

Au travers de ce livre, vous découvrirez d'autres réalités très subtiles où vous êtes et devenez acteur-régisseur-compositeur de votre vie. Vous pourrez apporter des changements de position, apprendre à vous changer vous-même et comprendre que tous sur terre, vous êtes frères et sœurs galactiques. Vous êtes là, présent sur terre pour votre évolution, pas celle des autres, mais bien pour évoluer et transcender ce qui doit l'être en vous par la lumière d'action de grâce. Vous êtes en train de passer d'une dimension inerte mentaliste égocentrique à une dimension vibratoire énergétique actrice-transformatrice. Vous rentrez dans le nouveau monde intérieur où votre conscience ne sera plus mentale intellectuelle divisée et superficielle, mais actrice et divine pour toutes vos occupations qui se feront en instantané, spontanément avec le verbe acteur-régisseur-transformateur que vous donne à vibrer, à vivre, à transformer votre unité être du cœur.

Vous allez découvrir et apprendre que le monde est vibratoire énergétique actif-réactif d'intentions dans toutes ses occupations terrestres, que le hasard n'existe pas, que tout a un sens à être, à exister, à s'exprimer en tant que matière, personne, intention ou événement énergétique vibratoire… Un monde énergétique où tout n'est qu'intelligence à être, à exister, à se manifester dans toute chose, toute verbalisation, tout écrit, toute matière, toute pensée…

Ce monde intrinsèque est la nouvelle conscience du NOUS de votre famille céleste, quand vous êtes en fusion, en UNITÉ avec les différents plans qui vous guident dans votre nouvelle destinée divine.

3.   Les premiers enseignements

J'ai toujours été attiré depuis mon enfance par le monde spirituel, je savais qu'il existait d'autres mondes parallèles que celui de la terre. Pour moi, c'était évident et normal, je le savais au plus profond de moi. J'étais attiré par tout ce qui touche au surnaturel et cela faisait partie de ma nouvelle vie. Je me suis mis à lire des livres qui parlaient des ovnis, du monde universel. J'en ai développé petit à petit mon monde intérieur où j'étais comme chez moi, où j'ai appris à communiquer avec ma divinité intérieure. Ce développement intérieur n'était pas facile, mais un jour j'ai fait connaissance d'une personne qui connaissait ce monde-là et qui m'a aidé à développer, à prendre confiance en moi pour rentrer dans cette autre réalité très subtile de l'énergie active.

J'ai appris à me faire confiance et à canaliser des messages des guides et des Maîtres où ils me disaient toujours NOUS sommes en vous et vous aidons. Avec le temps, ils m'ont expliqué et enseigné que le vrai monde est à l'intérieur de soi, dans nos profondeurs divines, que le monde extérieur fait partie du monde de l'illusion de la personnalité égocentrique mentaliste limitée. À chaque incarnation, une nouvelle personnalité se crée, en rapport à votre travail divin terrestre, votre mission de vie qu'il faut régler, également avec les différents problèmes karmiques des autres vies, afin de pouvoir rentrer dans le monde de l'intelligence supérieure. Il faut savoir que vous ne pourrez y rentrer et développer vos dons naturels divins que lorsque vous aurez réglé vos antécédents karmiques et pas avant.

L'enseignement que l'on m'a donné

Tout a été basé, pendant des années, sur la respiration consciente, transformatrice guidée. Ce travail ne cesse jamais, il m'est donné à vibrer, à vivre consciemment, par mes guides-enseignants. Les respirations ne sont jamais les mêmes, car elles sont évolutives, en rapport à mon état d'esprit, mon état d'être du jour, au travail que je dois accomplir sur moi.

Au début, l'épuration corporelle était souvent de mise. Il est normal que pour changer de vibration en de hautes fréquences énergétiques, le nettoyage vibratoire énergétique se fasse dans toutes les cellules, les organes, le corps, l'esprit, la vie… Cela fait partie de la transition énergétique et du changement de dimension pour être soi-même entier dans le JE SUIS.

Ces respirations conscientes transformatrices qui vous sont enseignées vous ouvrent des portes intérieures de connexion où on vous donne des clés pour gravir des marches sur d'autres dimensions, d'autres sphères de vie. Celles que je pratiquais depuis le début étaient des respirations pour me couper du monde du mental intellectuel, afin de devenir un esprit libre dans ma tête, sans être parasité par mon ego ni par les entités néfastes qui ne veulent pas que vous rentriez dans ce monde multidimensionnel. Ces respirations conscientes m'ont aidé à développer ma foi interne, un grand lâcher-prise sur moi-même et ma vie, elles m'ont permis de me faire confiance.

Les messages que je recevais étaient toujours en rapport à ce que je devais changer, mettre en application, pour rentrer de plus en plus dans ce monde libre d'esprit. Depuis des années et je continue toujours, j'ai appris la maîtrise de soi. Elle passe par le lâcher-prise mental intellectuel formaté des écoles, ne dépendre que de ma foi porteuse actrice, de ma divinité supérieure, qui peut être appelée indifféremment : son soi supérieur, sa divinité intérieure, l'Esprit saint, mon moi intérieur… Beaucoup de noms qui veulent dire la même chose.

La liberté devient maître dans votre esprit quand vous êtes libre en vous, sans résonance extérieure de manipulation mentale. Vous apprenez à vous défaire de tout ce qui est extérieur à vous, car l'aide devient subtile et supérieure pour mener à bien votre mission de vie être du JE SUIS. Ce JE SUIS est cette fusion d'Unité que vous avez avec votre cœur, votre famille céleste, votre personnalité, qui forment l'ensemble familial du NOUS.

Le monde de la personnalité égocentrique est divisé, coupé de son monde intérieur et il ne pense qu'à juger, critiquer, violenter, insulter… comme cela lui a été enseigné par tout ce qu'il voit et entend. La personnalité vit à travers les ego extérieurs et les entités néfastes des égrégores qui vivent en eux, à cause de leur état d'esprit, leurs revendications et jugements sur autrui. La personnalité crée des liens énergétiques vibrationnels avec ces entités inférieures, qui sont en lien d'intention avec les sphères d'égrégores. La personnalité est en dépendance du monde extérieur, à survivre à travers les autres, quand elle est coupée divinement de son identité d'appartenance.

4.   La respiration consciente intelligente

Différentes façons existent pour apprendre à canaliser son monde supérieur, avec des techniques propres à chacun, à son monde intérieur, à son avancement d'ouverture d'esprit envers la lumière.

Les êtres initiés qui échangent avec leur monde supérieur sont préparés à tout cela depuis des incarnations. Ils sont là sur terre pour amener une évolution active-transitive au grand changement. Ils participent consciemment à la transition vibratoire du changement de conscience pour devenir un esprit libre. Nous allons vous parler de la respiration consciente intelligente que pratiquement tous les initiés étudient et mettent en application pour fusionner avec leur partie divine, les autres mondes parallèles.

Le monde respiratoire intelligent est un monde très complexe qui ne se pratique pas à la légère, car cela pourrait amener des complications dans votre corps physique et votre esprit, votre vie, votre santé. Il faut être guidé par un pratiquant initié à cela, en correspondance vibratoire avec ses guides-enseignants supérieurs, et qui en connaît les aboutissants.

La maîtrise de ce procédé est changeante vibratoirement en rapport au travail que vous faites en vous et votre état d'esprit du moment présent. Rien n'est statique et linéaire dans cette vibration respiratoire intelligente. Il faut comprendre que son énergie vibrationnelle est vivante et instructive, pour vous apporter des réactions de changement en vous, pour vous aider à transiter dans d'autres réalités de vie plus actives. L'énergie apportée par la respiration est évolutive et change d'intensité d'action à mesure que vous vous libérez des entraves mentales, pour avancer dans ce monde vibrant, intelligent. Cette énergie est intelligente et active, car elle possède des intentions transformatrices données pour un certain travail de déblocage de situations intérieures, de nœuds vibratoires. Elle vous aide à lâcher prise avec vos pensées et vous ouvre les portes intérieures pour retrouver votre vrai moi divin.

Ces énergies intelligentes supérieures vous sont données par votre divinité ou par des guides-enseignants qui sont en vous, dans votre sphère de vie être du JE SUIS. Ces guides-enseignants ou Maîtres, sont en correspondance vibratoire avec votre état d'être et savent comment vous faire respirer, inspirer, pour débloquer des situations et vous faire lâcher prise avec les situations qui encombrent, perturbent votre évolution terrestre. Une inspiration consciente est guidée par l'énergie intelligente qui agit dans votre corps, votre esprit et vous donne à laisser la vibration s'activer et agir librement sans intervention mentale. Une inspiration consciente de votre part est un appel supérieur à l'énergie pour vous faire transiter et vous libérer de vos chaînes parasitaires. Votre corps et votre esprit se libèrent, s'ensuit une liberté être où c'est l'intention vibratoire de l'énergie qui fait bouger et réagir votre corps en rapport au travail à effectuer intérieurement.

Comprenez que si l'énergie est vivante, vibrante et active en vous, elle actionne la vibration du corps en le libérant et défaisant les nœuds néfastes que produit très souvent le monde mental égocentrique. N'oubliez pas que l'ego ne vibre que d'imprégnations vibratoires de ce qu'il perçoit mentalement et attire en lui par ses formes-pensées d'action-réaction des plans inférieurs.

Votre corps, libéré des entraves mentalistes, se met à vibrer et bouger sans votre intervention mentale. Il bouge tout seul grâce à la vibration reçue qui épure son système intérieur et extérieur et lui donne d'autres fréquences vibratoires plus actives et élevées pour sa réalité d'existence être. Tout ce procédé vibratoire actif appliqué par une énergie intelligente est là pour débloquer une situation, vous rendre libre avec le temps, plus ou moins rapidement selon votre dépendance et capacité à lâcher-prise mentalement, pour arriver à cette liberté être du corps et de l'esprit. Les respirations qui vous sont données sont toujours en correspondance d'évolution avec votre lâcher-prise du moment présent que vous vivez, pour libérer votre esprit de vouloir toujours savoir comment les choses arrivent et se répercutent en vous et votre vie.

Une énergie intelligente vous est donnée pour vous faire réagir à certaines situations dans votre vie, car elle sait ce qui doit être activé en vous. Elle s'active dans votre corps, votre esprit, votre vie pour y amener un changement transformateur d'évolution. Alors, vouloir comprendre comment tout cela fonctionne et ce que cela produit en vous, vous ne pouvez y parvenir qu'en le vivant, le vibrant dans votre corps, dans votre esprit libre, mais pas dans un mental intellectuel limité qui bloquera l'énergie active transformatrice à agir en vous.

Si vous vivez et vibrez intérieurement une énergie intelligente supérieure, vous aurez automatiquement les réponses sur ce qu'elle va produire et comment elle va agir dans le temps sur vous et votre vie, car vous le vivrez en toute conscience. Sa vibration énergétique est toujours liée à l'intention supérieure de manière complémentaire pour l'ascension à la transition.

Il faut comprendre que la personnalité a développé son mental intellectuel en fonction de sa vie active, de comment elle subit et vit sa vie dans le monde matière de l'apparence. Elle a été programmée dans vos écoles à toujours réfléchir avant d'agir, ce qui est bien dans son ensemble pour tous ceux qui ne veulent pas changer d'état d'être, rester linéaire dans leur vie. Mais là, nous parlons d'agissement conscient énergétique avec des résultats actifs transformateurs en vibration active intelligente, pas de formalités mentales limitées par le doute d'avoir un résultat.

L'intelligence énergétique supérieure vous donnera à

créer dans le céleste-matière, cela signifie que l'énergie active-transformatrice-actrice céleste va se manifester pour agir dans le monde matière afin de faire évoluer la matière. Vous agissez maintenant consciemment en toute résonance vibratoire de l'énergie active à manifester la matière à être.

Le monde de l'énergie intelligente est un monde actif productif qui a été programmé pour amener des changements. Ce monde-là, l'énergie intelligente, n'est pas dans votre mental intellectuel limité et atrophié. Vous pouvez créer avec votre mental, mais la vraie question est : avec qui manifestez-vous votre vie, et pour qui donnez-vous votre énergie vitale ?

Quand un travail respiratoire conscient vous est donné à pratiquer en vous, c'est pour vous libérer de toutes les entraves négatives et des entités qui vous nuisent. Elles sont liées à vous à cause de vos pensées, des vibrations inférieures que vous captez et elles s'accrochent à vous.

La transition consciente la plus appropriée à votre ascension est dans votre cœur, pas à l'extérieur dans un monde de perversion. Le cœur, qui est l'Esprit saint lié avec les Maîtres et guides-enseignants, l'intelligence de la lumière, les mondes supérieurs… pourvoira à vos besoins.

La respiration énergétique consciente est intelligente dans son action de grâce qui se passe en vous, dans votre corps et votre esprit, votre vie active. Elle est la vie active intérieure de l'évolution, de l'ascension en homme libre en esprit, qui vous apporte de grands changements de plan de vie être pour votre nouvelle unité multidimensionnelle. Être est la définition fusionnelle de qui vous êtes divinement dans le JE SUIS évolutif avec votre famille céleste. C'est le verbe acteur-régisseur-transformateur qui agit dans l'action de grâce dans tout ce que vous faites, vous créez, vous donnez vie… Vous le manifestez maintenant par la créativité consciente. Elle est vibralisée dans l'action de grâce par vos intentions vibratoires à haute fréquence qui vous sont données à manifester, avec une vibration soutenue à apporter vie à être.

Comme vous le voyez, la base d'un grand changement vibratoire vient d'une respiration, d'une inspiration consciente supérieure et active-productive de bons procédés, pour amener un change à être, à se transformer intérieurement et extérieurement.

La respiration vient du cœur qui vous donne à respirer avec un nouveau monde supérieur familial, qui est là pour vous aider à transiter dans un monde libre en esprit, pour pouvoir agir consciemment en création active intelligente sur toute vie, toute action, toute transformation que vous aurez à manifester, à produire.

Nous pouvons vous aider à transformer votre état d'être, votre vie si vous nous laissez agir en toute confiance en vous et si vous le voulez.

Mais il y a toujours un commencement évolutif

transitoire pour tout cela, pour arriver à transmuter un plan statique involutif en un plan évolutif attractif d'évolution de soi. Il faut libérer votre esprit cartésien, arrêter de cogiter, d'avoir un poste allumé dans votre tête et RESPIRER INSPIRER avec le monde du cœur, la lumière, votre famille céleste.

Demandez pour recevoir l'aide de votre famille céleste pour apporter de grands changements en vous et votre vie.

Vous voulez, vous pouvez.

5.   L'énergie intelligente

L'énergie est une vibration vivante, intelligente et active-productrice qui peut être donnée par des forces supérieures ou des guides accompagnateurs qui sont dans votre espace vital et qui font partie de votre ascension sur terre.

L'énergie intentionnelle est une réalité du monde de la non-forme, qui est présente et active en vous et en toute vie en ce monde. Elle peut être active dans son rayonnement vibratoire qui a été programmé et voulu pour agir avec le temps sur différents paramètres d'action.

L'énergie possède plusieurs références de vie, d'incitation à être. Elle peut être céleste, terrestre, créée par l'être divin que vous êtes ou bien par des entités néfastes. L'énergie vitale de la personnalité égocentrique est en correspondance vibratoire avec son état d'être, son état d'esprit de ce qu'elle attire dans son sillage d'existence à vivre. L'énergie peut être constructive ou involutive dans sa réalisation, cela dépendra toujours de comment vous vibrez, agissez, attirez en vous et voyez le monde autour de vous.

L'énergie céleste est universelle et évolutive, elle vous est donnée à vibrer dans la lumière, l'amour, la paix, la sérénité de chaque respiration inspiration du moment présent. Elle peut être active-réactive-transformatrice quand elle vous est donnée à vibrer dans la réalité d'action de grâce. Elle agit, vous guide, vous protège, vous enseigne à réagir d'une façon appropriée pour vous motiver à mettre en mouvement une intelligence d'action de grâce vibratoire pour réfléchir, agir, penser, créer… dans votre vie. Elle est vivante, vibrante et réactive dans les temps à venir.

Une énergie est productrice et actrice spontanément, soit instantanément ou dans le temps, quand vous lui donnez vie, lui demandez de produire, de créer, de manifester quelque chose de vous, quand vous êtes en UNITÉ être de votre JE SUIS. C'est pour cela que dans votre tête, vous devez laisser votre canal intérieur et extérieur libre, sans parasites de pensée, pour que vous puissiez recevoir par intuition, par télépathie, par intention, par idée… des initiatives supérieures pour créer intelligemment une énergie active programmée à vibrer et donner vie.

Une énergie active-productrice, comprenez-le bien, vient de ce que vous émanez de votre esprit, de comment vous la nourrissez, et elle attirera toujours sa correspondance vibratoire d'ascension à ce que vous reflétez mentalement. Alors, imaginez que vos vibrations vitales se focalisent dans les jugements, dans les agressions, dans la violence verbale, que vous broyez du noir, que vous imaginez que vous êtes faible, que votre corps est malade, que vous êtes malchanceux… Quelles sont, à votre avis, les énergies vibratoires d'égrégores que vous allez attirer en vous, en vous liant à ce lien d'appartenance ?

Le monde vibratoire céleste n'existe pas pour une conscience mentaliste intellectuelle qui est habituée à agir d'elle-même en rapport à la matière visuelle, au paraître. Cet autre monde existe autour de vous, plus subtil, qui vous permet de rester libre d'esprit, c'est l'énergie vitale qui vous ressource. Comment ? Cela dépendra toujours de vos correspondances vibratoires et liens de votre état d'esprit avec qui vous êtes fusionnel. Vous avez alors une autre opportunité de créer et d'agir consciemment avec une forme vibratoire intelligente qui se nomme ÉNERGIE D'INTENTION INTELLIGENTE.

Elle est différente de l'énergie vibrationnelle et agissante que vous retrouvez dans le monde de la matière dans toute fabrication réalisée par l'homme. Celle-ci n'est active et rayonnante que par ce qu'elle émet de l'intention de celui qui l'a produite et matérialisée dans sa forme concrète, avec une intention consciente ou non, elle est donc imprégnée à la fois de ce que souhaite la personne, mais aussi de tous ses bagages inconscients qu'elle garde imprimés en elle. Et elle est également calibrée par sa forme de la réalisation matière, qui émet des ondes vibratoires (ondes de forme) qui agissent sur son environnement : les autres matières, les lieux où elles se trouvent, le corps physique, le mental, la santé de ceux qui la côtoient.

L'énergie intentionnelle possède donc différentes facettes d'existence pour agir, car elle est vivante et vibrante dans toutes ces réalisations produites par l'homme et ses intentions qu'il a manifestées dans la matière vibratoire d'exécution. On vous le redit, une matière est vivante, vibrante et active en vous dans ses intentions programmées pour exister. À vous d'y joindre l'intelligence supérieure pour en faire un instrument d'évolution.

Le Maître guérisseur utilise la voie directe de son canal intérieur pour transmettre des énergies de guérison, car il en a la maîtrise et ne travaille jamais seul dans ses soins. Mais, le corps en son entier étant énergie, vous pouvez également agir sur la matière vibratoire de vos organes pour la transformer, augmenter son taux vibratoire. Vous pouvez vous guérir avec l'intention de l'énergie intelligente émise de votre part sur vos maux. Chaque être humain a cette puissance de créativité consciente en lui, de volonté d'autoguérison, en augmentant son taux vibratoire et agissant sur la vibration matière pour la faire évoluer, changer sa résonance vibratoire.

Ce monde-là de l'énergie actrice-active-transformatrice est inaccessible au monde des ego, car l'énergie est un monde subtil universel qui est très puissant dans sa réalisation d'action, quand on sait s'en servir et mettre l'énergie vibratoire en mouvement d'action sur toute matière terrestre. C'est par elle que l'on peut se défaire de l'ego tyrannique, c'est pour cela que ce monde subtil vous est caché par les rouages de la société mentaliste terrestre.

6.   La transformation intérieure

L'énergie est intelligente et peut agir, transformer, équilibrer, créer, manifester beaucoup de choses en vous et le monde de la matière. Il y a une différence importante entre ces deux mondes : le monde de la personnalité et le monde divin.

La personnalité égocentrique

Le monde de l'ego, la personnalité, ne survit que par recherches extérieures. Il se focalise sur son esprit mentaliste intellectuel pour trouver des solutions à toutes éventualités qui se présentent en lui et autour de lui. Il est en survie grâce à ses acquisitions personnelles des connaissances terrestres qui lui ont été inculquées, programmées dans son enfance. Il est en quête constante de ce qu'il a besoin pour survivre dans le monde matière, le monde extérieur, comme par exemple, trouver un travail pour avoir de l'argent et vivre sa vie comme cela lui convient. Il dépend d'un monde sociétal avec des lois, des obligations, des assurances, pour avoir droit à sa place.

Tout cela semble bien et normal, car vous êtes dans l'ignorance du fait que vous dépendez de forces vibratoires énergétiques programmées. Votre partie divine est stigmatisée, car vous ne faites plus qu'obéir, vos actions sont calquées pour rester dans la pensée communautaire sociétale sans avoir rien à redire. En réalité, la personnalité égocentrique est en admiration et vénère les êtres égocentriques qui, par leur étiquette de reconnaissance, captent totalement votre attention et vous enlèvent votre liberté d'exister, de vivre. Ils ont le pouvoir de vie et de mort sur vous, de vous faire agir comme bon leur semble pour que vous les serviez, dans leur propre intérêt personnel. Ceci est le monde de la personnalité égocentrique, involutif. Vous n'êtes plus maître de votre existence, de vivre votre vie comme bon vous semble, sans vous soumettre aux dires et obligations de vos dirigeants. La personnalité vit à travers les autres, à travers des illusions que lui donne à vivre la matrice, elle est habitée mentalement et destituée de sa vraie réalité divine.

Le monde divin intérieur

C'est un monde de liberté être en esprit, sans contrainte ni obligation. Vous devenez des êtres libres qui fusionnent avec leur divinité, leur famille céleste et vous n'appartenez ni n'obéissez à personne d'autre que vous-même. Cette liberté d'esprit se trouve dans l'abandon de soi d'un grand lâcher-prise du monde extérieur et dans le fait de trouver en soi la foi porteuse qui est l'unité conventionnelle du monde libre en esprit. Aucune obligation, mais une liberté d'agir avec sa divinité intérieure qui est, qui sait, qui agit toujours en connaissance de cause, pour vous aider à vous accomplir divinement sur terre.

Votre divinité est la mémoire vivante, vibrante de tout votre passé, présent, futur pour vous accomplir, et vous aider à régler vos karmas si vous en avez de vos précédentes incarnations. Quand vous faites un travail d'évolution et d'ascension sur vous-même, vous apprenez à vous libérer des chaînes mentalistes intellectuelles qui vous relient à votre personnalité. C'est le premier enseignement supérieur qui vous est demandé d'accomplir pour gravir les marches ascensionnelles de vos propres connaissances intérieures, avec une respiration consciente du cœur. Vous allez apprendre à ne plus réfléchir mentalement, mais spontanément, au moment présent, avec l'intelligence de la lumière, l'énergie vibrationnelle d'action de grâce.

Cette libération en esprit libre qui vous permet d'abandonner le fait de mentaliser toujours avec les acquis programmés dans vos écoles, va vous donner à agir spontanément en énergie vibratoire par le verbe acteur-régisseur-transformateur de la source créatrice. Ce nouveau monde au grand passage multidimensionnel est la conscience réalisée du cœur fusionnel avec la personnalité. Ils vont devenir unité pour travailler ensemble, pour ascensionner, pour vivre la vie en autodidacte, en cocréateur-animateur avec le monde de la lumière.

Vous pouvez alors dire que vous vivez en unité du cœur, ne plus survivre intellectuellement, mais vivre votre vie en correspondance avec votre famille céleste. Elle connaît votre destinée terrestre du pourquoi vous êtes venu sur terre, pour accomplir maintenant votre destinée divine. Cette fusion intérieure vous ouvre les portes pour gravir petit à petit les marches de votre ascension personnelle, pour retrouver vos connaissances antérieures, recevoir des dons, et agir spontanément avec le verbe qui se fait chair dans l'action de grâce.

L'action de grâce n'est pas l'action-réaction du monde matière. Elle est faite de pureté dans l'intention vibratoire supérieure en connaissance de cause, avec une intelligence voulue et donnée. Elle agit dans le temps pour transformer, équilibrer ce qui doit l'être sur la forme matière, en y incluant la vibration énergétique d'intention. Vous allez pouvoir évoluer en esprit libre, vide dans votre tête pour canaliser, communiquer, échanger par télépathie consciente avec vos guides et enseignants. Tout cela est nouveau pour vous, mais n'oubliez pas que c'est votre foi porteuse qui vous amènera à vivre concrètement tout cela, qui très souvent dépassera votre entendement d'être humain face à tout ce qui arrive, se met en place, s'organise pour vous.

Vous n'êtes plus en recherche extérieure pour vivre votre vie dans l'abondance, la prospérité. Vous recevez par l'univers la manne en rapport à ce que vous avez besoin pour vous expanser dans le monde matière. Ensuite, le monde supérieur pourvoira à vos besoins sans votre accord, car il saura d'avance ce qu'il vous faut pour vivre votre vie convenablement et le mettra en mouvement vibratoire avant que vous y pensiez ou que vous le demandiez. Vous ne travaillez plus pour le monde de la troisième dimension, en obligation d'esclavagiste, à vous soumettre à des paradigmes d'involution, de soumission mentale. Vous vivez maintenant pour apporter l'énergie transformatrice, pour contribuer à l'évolution de ce monde linéaire, statique, sans évolution. Vous contribuez en y apportant seulement votre énergie vibrationnelle de grand changement de conscience. Vous vous êtes formé en esprit libre pour devenir un informateur universel, une aide énergétique vibratoire à faire évoluer et transiter les choses. Vous devenez un homme libre en esprit pour pouvoir agir spontanément dans le moment présent de ce que la lumière vous donne à vivre, toujours en rapport à votre évolution et la transformation matière.

Vous allez pouvoir transmuter en énergie évolutive tout ce qui vous entoure en y mettant une énergie actrice-transformatrice, en utilisant vos dons, votre pouvoir divin d'exécutant vibratoire, ou simplement en rayonnant votre présence être en la lumière d'amour, de paix, de fraternité… qui sont des énergies transformatrices puissantes dans leur vibration à être, à s'exprimer vibratoirement.

Cette liberté être est votre souveraineté que tous les êtres humains sur terre possèdent également. La différence est que vous, vous l'utilisez pour faire du service, le don de vous pour la lumière et pour aider votre prochain à changer, évoluer. Votre liberté dans votre tête, sans parasite, vous donne à voir au-delà de la matière, la vibration énergétique vivante agissante qui vous donne des informations sur sa réalité d'existence à être.

Vous commencez à peine à découvrir vos possibilités d'action de grâce de créateur dans le monde matière. Votre présence en un état d'être conscient est aussi puissante sans que vous soyez obligé de parler, simplement en étant libre dans votre tête, en rayonnant votre unité du ici et maintenant dans chaque mouvement, pensée et action que vous rayonnez.

7.   La vibration énergétique émise par la matière

Une matière, produite et créée par une personne qui y a mis toute son intention, sa vibration énergétique, possède une vie propre. Nous ne parlons pas ici des usines robotiques qui fabriquent des objets à la chaîne et qui n'ont aucune résonance vibratoire, sauf si une personne mal intentionnée a projeté et créé dans cette fabrication une intention d'influence à vous faire réagir mentalement, quand vous la voyez et la possédez.

La matière a une résonance énergétique vivante et vibrante qui a la puissance de vous influencer, de vous manipuler quand vous avez votre taux vibratoire en faiblesse, quand votre esprit n'est pas présent en conscience. En faiblesse signifie que vous vous laissez atteindre inconsciemment par les paramètres d'autocontrôle qu'ont les objets, les pensées, les paroles, les images subliminales… sur votre esprit.

Toute matière possède une réalité propre à elle et elle peut vous venir en aide quand vous la respectez. On ne dit pas que la matière a un esprit, sauf si celle-ci est habitée par des entités néfastes, mais elle est en vibration avec vous pour vous aider à vous accomplir, à vous aider si votre prestance d'esprit est grand ouverte à la fusion vibratoire avec elle.

La matière existe également dans le monde supérieur de

haute fréquence. Elle est vivante, vibrante et agissante. Elle agit et converse avec nous, non pas comme vous l'entendez des conversations terrestres qui sont souvent parler pour ne rien dire, mais en communiquant intelligemment pour nous transmettre certaines idées, savoirs, pour agir, car elle est confectionnée avec des matériaux que l'on ne trouve pas sur terre, mais sur d'autres planètes, avec des fréquences vibratoires de hautes intensités d'action, que vous ne pourrez comprendre à cause de votre imagination mentale limitée. Nous pouvons aussi la programmer avec une grande intelligence, mais cela n'est pas encore dans votre réception d'informations de ce jour.

La matière terrestre est très active quand vous lui donnez forme à être, à exister, à s'exprimer, mais elle est toujours en résonance avec son créateur qui l'a animée et créée. Quand vous travaillez avec l'énergie active-transformatrice-agissante, vous travaillez avec la matière céleste, ce qui veut dire que vous y mettez une intention universelle de vie active, neutre de votre part, mais avec des informations vibratoires supérieures qui s'installent et rayonnent à l'intérieur.

La matière céleste-terrestre est faite d'énergies de hautes fréquences universelles que reçoivent les initiés, les êtres ouverts en eux, qui les impliquent à exister dans tout ce qu'ils créent, fabriquent matière à être, pour y mettre une vibration, apporter un change, une autre réalité de vie évolutive et bien vivante. Tout cela vient à vous quand vous travaillez et vibrez l'instant présent avec l'intelligence universelle de la lumière, qui vous guide dans votre implication pour aider, transformer ce qui doit l'être en lumière rayonnante.

Ne sous-estimez pas la matière, mais respectez-la pour ce qu'elle est et vous procure. Que cela soit des habits, votre voiture, votre maison, vos bijoux, vos chaussures, votre argent… tout a une implication symbolique à être, à vous aligner et à exister pour vous aider à vivre et vous sentir mieux en vous.

8.   La force de l'esprit créateur

Tout vous est donné pour vivre votre vie en liberté être du cœur. Avec votre famille supérieure, pour avancer dans ce nouveau monde universel, vous allez découvrir de plus en plus des nouveautés qui vont dépasser votre entendement d'être humain. Votre esprit est votre force de caractère pour vous exprimer, donner de votre personne et mettre en place votre devenir en tant qu'être humain libre en esprit. Trois sortes d'esprit existent dans votre monde : l'esprit guerrier de lumière, l'esprit faible et les esprits sans âme, des robots humanoïdes.

L'esprit guerrier de lumière

Ces êtres de formation interne et divine vibrent et s'expansent dans la lumière avec leur famille céleste. Ils sont là pour aider, transformer, équilibrer, apporter la nouvelle lumière multidimensionnelle à être sur terre, avec l'aide de l'intelligence de la lumière.

Ils ont développé et acquis en eux une science occulte intelligente et importante en énergie libre et actrice-transformatrice à être, à expanser, à transformer ce qui doit l'être en lumière.

Ils l'utilisent à chaque souffle de leur vie pour aider à la transformation de la vie active. Ces êtres-là sont dans tout corps de métier, même aux postes clés au niveau gouvernemental. Ils amènent un change vibratoire énergétique d'élévation d'esprit, mettent de la lumière dans tout ce qu'ils touchent, créent, donnent à être comme informations. Ils sont élevés en esprit créateur où leur force est d'agir dans « le silence est d'or » avec l'énergie de vie actrice-transformatrice, pour amener une création active à être, à s'exprimer, à faire changer les intentions.

Ils ne sont pas comme tout le monde, leur esprit vibre dans la lumière du cœur, en UNITÉ. Ils opèrent en esprit libre et neutre d'intention et font du service pour la lumière. Ils ne vivent pas pour eux, mais pour faire que la lumière s'installe sur terre dans le cœur humain. Leur service de lumière est de rayonner la vibration d'intention en y impliquant une transformation actrice évolutive partout où ils passent. Ils amènent de nouvelles technologies, de nouveaux enseignements, des savoirs supérieurs… qui pourront transformer et équilibrer vibratoirement l'être humain pour qu'il ne soit plus esclave de la matrice sociétale régie par tous ces états qui ont droit de vie et de mort sur vous.

Leur but est de mettre de la lumière dans toute vie sur terre avec l'aide universelle qui contribue très largement à tout cela, dans les coulisses. Vous êtes tous des êtres de lumière, des entités divines, mais on vous a aidé à l'oublier en vous soumettant à des règles de soumission mentale intellectuelle, à ne réagir que comme de bons petits moutons bien obéissants.

La force de l'esprit est un travail de tout moment, de l'instant présent, à vous abandonner en vous-même sans dépendre de qui que ce soit d'extérieur. Le secret pour y parvenir est de demander de l'aide à son cœur, à la source créatrice qui est vous et vous anime pour être.

Toutes ces révélations et bien d'autres devraient vous aider à voir plus clair en vous, pour libérer votre esprit des engrenages de soumission mentale des ego manipulateurs de conscience. Comprenez que c'est votre vie, pas la leur, c'est vous qui la gérez, la programmez, l'influencez, la cocréez par un esprit libre de droit d'opérer avec la lumière du cœur en guide protecteur. Les initiés sont protégés et guidés dans leur tâche de vie à chaque moment et instant de vie, car ils vivent le moment présent que leur donne à vivre l'intelligence de la lumière.

L'esprit faible

C'est un esprit qui vit aux dépens des autres, il n'a pas de pouvoir de liberté à être et ne survit que dans la peur, la désolation mentale de ce qui le lie. Il n'est pas libre dans sa tête, à toujours vouloir occuper son esprit par quelque chose à faire, à s'occuper mentalement, à réfléchir.

Tout cela est voulu et programmé par la matrice sociétale : vous occuper l'esprit par des vibrations de peur, de raisonnement, de dualité, d'affrontement… pour amener le mental humain intellectuel à ne plus être lui-même, et surtout à ne plus être libre. Toute cette manipulation mentale organisée est faite et réalisée pour que vous ne vibriez pas l'instant présent, car quand vous vibrez, vous êtes libre dans votre tête, vous êtes universel dans vos accords quotidiens vibratoires à agir spontanément en action de grâce, avec le verbe acteur-régisseur-transformateur de votre vie. Vous n'êtes plus contrôlable mentalement ni assujetti aux pensées communautaires.

Quand votre esprit est occupé dans des formes pensées vivantes, à réfléchir en permanence, vous êtes emprisonné par des raisonnements autodévastateurs. Ils peuvent prendre la forme d'entités égrégore qui vous maintiennent dans la servitude de la matrice. Cela est très subtil, mais bien réel dans votre réalité de soumission à obéir sans le savoir.

Elle veut que vous soyez toujours et en permanence en train de mentaliser, car elle sait très bien que vous vous détruisez vous-même par vos autoflagellations de création de peur, d'anxiété, en vous soumettant à des paradigmes de programmation intellectuelle propagés dans des émissions télé, vos programmes d'ordinateur. Occupé avec des jeux de violence, des films, soumis aux injonctions de vos dirigeants, vos politiciens, vos religions, vos journalistes… qui sont là pour vous maintenir la pression dans vos propres créations de peur, haine, division… que vous mettez dans votre tête par autosuggestion.

Vous n'arrivez pas à voir ces réalités masquées et

voulues, de comment elles vous sont présentées et programmées dans votre tête à ruminer la peur. On vous empêche d'être libre à l'intérieur de vous, car si vous êtes libre, détaché de tout cela, vous êtes dans l'énergie active présente du ici et maintenant qui s'occupe de vous, vous protège et vous guide dans la lumière intérieure de votre destinée. Cette liberté d'esprit en homme libre, cela s'apprend par une respiration consciente du cœur, par un grand détachement de tout ce qui vous entoure, famille, amis, travail, plaisir… Si vous le demandez, votre le cœur se fera un énorme plaisir à vous l'enseigner spontanément, sans réflexion intellectuelle de votre mental.

Les humains humanoïdes

Ce sont des robots avec des corps humains bien constitués, il n'y a pas d'autres noms pour les nommer. Ils ont été fabriqués par le monde de l'ombre, ces non-humains, et il y en a partout autour de vous, ils n'ont aucune différence apparente avec vous. Ces êtres sont là et sont programmés mentalement par des implants à servir le monde de la matrice de l'ombre. Ils sont leurs yeux et leur écoute. Tous ont un certain travail à faire sur terre, comme piller la terre de ses minéraux et métaux très précieux, avoir mainmise sur votre esprit, votre vie. Vous travaillez pour eux sans que vous vous en rendiez compte, car votre esprit est programmé à obéir pour pouvoir survivre pour exister.

Ces êtres n'ont pas d'âme ni d'état d'âme. Ils sont utilisés et surtout programmés à des postes clés sous différentes couvertures de vie, et on les retrouve souvent chez vos politiciens, vos médias, vos religions… Ils peuvent être aussi bien tueurs professionnels au service de la matrice de l'ombre. Ils font tout ce pour quoi ils ont été programmés. Ces êtres-là sont constitués mentalement comme tout le monde, vous ne voyez pas la différence, ils sont pourtant porteurs de programmes d'investigation bien précis, en correspondance avec leur mission de vie. Ensuite quand leur temps est fini sur terre, ils sont mis au rebut ou reprogrammés pour d'autres missions sur terre. On vous l'a dit, certaines choses, réalités vont vous surprendre, vous ne savez pas tout, à peine le basique. Beaucoup de choses se passent sur terre, sans que vous le sachiez.

Vous vous posez des milliers de questions, de comment tout cela peut exister et être réel. Les initiés ont mis des sites d'information sur beaucoup de choses, de réalités qui existent et qui se passent sur terre et dans votre ciel. Des fabrications de vaisseaux sont en train de se réaliser, de se mettre en orbite, fabriqués et voulus par certains gouvernements pour aller dans l'espace. Si vous saviez tout ce qui se passe, se crée, se réalise sur terre, dans l'espace, cela vous ferait peur. Mais n'oubliez pas que c'est vous qui avez voulu, en ces temps de grande transition planétaire, venir sur terre pour contribuer au grand événement de changement de dimension.

Vous êtes là de votre plein gré, pour vivre cet événement de transition planétaire et amener votre pierre à l'édifice. Ne vous prenez pas la tête avec toutes ces informations. Vivez maintenant votre vie en esprit libre, en homme libre, sans dépendre de quoi que ce soit d'extérieur à vous, et amenez votre pierre vibratoire transformatrice au grand changement et transition du monde terrestre.

9.   Les mondes supérieurs vous aident et vous enseignent

Ce sont les mondes supérieurs des anges, des archanges, des Maîtres enseignants, de l'Esprit saint, de l'intelligence de la lumière, la source créatrice… et ils font tous partie de vous, de votre famille céleste qui vous accompagne.

Tous ces êtres de lumière sont en vous, pas à l'extérieur de vous comme dans vos églises, vos lieux de cultes, ces endroits dits sacrés. Il peut arriver que dans certains lieux sacrés, une âme et un esprit des lieux soient présents, cela existe. Tous ces êtres supérieurs font partie de vous et de votre destinée divine pour vous aider à vous accomplir. Ils peuvent tous vous aider dans vos tâches de vie terrestre, mais faut-il leur en donner la possibilité et sortir intégralement de votre tête, laisser votre poste de mentaliste éteint, pour vivre dans le silence est d'or qui est le Graal supérieur du savoir, des enseignements.

Vous ne pourrez travailler et évoluer avec eux que si vous faites une évolution d'introspection interne. Ils communiquent avec vous si vous montez votre taux vibratoire et êtes dans un grand silence d'abandon de soi, de sérénité intérieure.

Tout le monde peut communiquer avec eux, si vous avez un travail évolutif de transmission et communication externe à faire sur terre, en correspondance avec le grand changement. Vous pouvez échanger avec eux, discuter avec eux par pensée télépathique et ils répondront toujours à vos questions, à vous aider. Sous quelle forme ? Vous seul le saurez quand vous laisserez votre intuition, l'intention, s'exprimer à travers vous. Vous devez libérer votre canal intérieur pour pouvoir agir spontanément par intuition, par intention, par idée, par suggestion, par signe, par rêve… sur votre vie, vos occupations, votre guidance. Vous n'êtes pas limité dans vos actions pour demander leur aide, sauf pour l'ego qui vous manifestera des peurs, des doutes, des appréhensions. Pourquoi ?

L'ego n'a aucune maîtrise sur ce qu'il ne connait pas. Il ne veut pas que vous rentriez dans ce monde, opaque pour lui, mais divin pour vous, à retrouver vos mémoires d'antan, vos dons, votre liberté d'esprit, c'est ce qui fait peur à votre personnalité égocentrique.

Des personnes ont été initiées depuis des décennies, des incarnations, programmées et préparées à devenir des émetteurs-transmetteurs de messages divins, de messages supérieurs des maîtres enseignants, pour aider à la grande transition de conscience. Différents messagers existent sur terre et chacun possède son propre enseignement qui lui correspond et qui est en rapport avec ses origines, où il a été formé et initié. Des êtres de lumière de différentes planètes se sont incarnés sur terre pour amener de grands changements dans les réalisations matières, l'économie sociétale, le monde de la nature, les ressources supérieures, le monde de la technologie, l'évolution de soi… Tout cela vous est donné par différents initiés liés à différentes ressources et qui agissent pour la lumière.

Un vrai initié se reconnait à sa détermination, sa façon de procéder en esprit libre, de vous présenter les choses, de vous aider. Il ne vous manipule pas et ne vous oblige à rien. Il vous demandera simplement de faire vos propres recherches intérieures pour trouver des solutions à tous vos problèmes et questions que vous vous posez. Il n'est plus tributaire de l'ego, il est dans le cœur et ne se vantera de rien, simplement il vous parlera, communiquera avec vous par vibration d'intention et spontanément avec le verbe acteur-régisseur de l'intelligence de la lumière. Il est détaché du monde terrestre et de la matière, ne s'occupe que d'une seule réalité, qui est d'être dans le JE SUIS. Chacun sera libre et pourra faire un échange avec lui de la façon qui lui plaira pour le remercier, s'il le veut, de son aide.

Un initié est sous la protection et l'aide universelle de la lumière. Il est aidé dans sa tâche de vie sous différentes formes de dons, d'aides que mettra la lumière à sa disposition pour qu'il puisse faire son travail divin sur terre. Il est lumière et amour, à sa rencontre vous ressentirez ce qu'il est vraiment par sa vibration être du JE SUIS, ce qu'il dégage et apporte en vous. Auprès de vous, il vous soigne, vous aide, vous enseigne par télépathie, par rayonnement intentionnel vibratoire, avec des énergies qu'il reçoit pour vous aider, et souvent il ne dit rien, il agit vibratoirement, mais tout cela se passe avec le temps, où des choses se réalisent en vous et changent votre état d'esprit, votre vie.

Chaque initié transmet des messages en rapport à ce qu'il est et représente dans son état d'esprit du JE SUIS. Il peut transmettre des messages généraux à tous ceux qui veulent apprendre, en apportant des informations que lui transmettent d'autres civilisations plus avancées, comme : le Conseil intergalactique d'Andromède, les Arcturiens, les Pléïadiens, l'Archange Raphaël, Michael, Gabriel... Maître Hilarion, Maître Omraam Mickhaël Aïvanhov, Maître Jésus, Isis Marie... et bien d'autres.

Ils ont aussi créé des sites avec la modernité de vos réseaux sociaux, par conférences, par stages... pour vous transmettre des messages supérieurs.

Mais dans cette multiplicité de canaux, il faut ressentir ce qui vous attire quand un message se présente à vous. S'il vous perturbe, vous ne le « sentez » pas, ne vous dit rien... laissez-le et passez votre chemin. Un message divin universel est constructif et vibratoire d'intensité haute fréquence, il est neutre, possède une énergie haute en vibrations et vous donne à vibrer et lire entre les lignes et vous imprègne de tout ce qu'il en ressort divinement.

Il faut savoir que tous les êtres humains ne sont pas là

pour rentrer en contact avec des êtres de lumière. Certains sont là pour expérimenter le monde matière, le savoir et l'enseignement terrestre et sont très intellectuels dans leur raisonnement. Cela est leur but de vie, à s'accorder avec les modalités terrestres pour qu'ils puissent s'accomplir en correspondance avec leur devenir. Ce sont, la plupart du temps, de jeunes âmes qui sont là pour découvrir la matière.

10.   Qu'est-ce que la matrice

La matrice est une conjugaison de soumissions mentales, d'obéissance, sans que vous le sachiez, en vous faisant croire que l'on vous aide dans vos réussites professionnelles, votre vie, mais il ne s'agit que des soumissions mentales de régulation de votre existence. Cette matrice sociétale est l'inversion des pôles d'ascension où l'on vous soumet par programmes intellectuels à jouir d'une vie linéaire. Pensez-vous que le monde extérieur des ego est là pour vous aider à vivre votre vie pleinement ? Ou bien qu'il vous soumet par obéissance à des conventions de travail pour le compte de vos dirigeants, ceux en haut de la pyramide qui vous convertissent à leur croyance intellectuelle ?

La matrice est un monde patriarcal qui est sous l'emprise de familles non humaines, qui sont là pour piller la terre et faire que tous les êtres humains travaillent pour elles sans qu'ils s'en doutent.

Vous les trouvez en haut de la pyramide où ils programment, dirigent tout ce qui se passe sur terre, déclenchent des guerres, des manifestations, des grèves, des attentats, des enlèvements, organisent des trafics d'armes, le chaos de l'économie mondiale… et ils choisissent les dirigeants qui travailleront pour eux sans le savoir.

Ce monde-là n'a pas d'états d'âme et se sert de l'esprit

humain. Il le convertit et l'esclavage pour son compte, avec de belles phrases, de belles propositions, des technologies d'autoprogrammation. Il soumet l'humain mentalement pour qu'il obéisse et croie que tout ce qui est mis en place par ses dirigeants est pour le bien de son existence. Leurs bergers exécutifs se trouvent dans tous les pays de votre monde. Ce sont les politiciens, des leaders religieux, des médias, de grandes firmes, le showbiz, les productions de films hollywoodiens… Tout est fait pour maîtriser et associer la conscience humaine à la pensée communautaire de son pays, par la soumission mentale d'obéissance. On lui fait croire à beaucoup de changements, d'évolution, mais ce ne sont que des paroles sans suivi concret. On vous demande de participer à l'émancipation de votre pays, sans y participer. Vous avez le droit de vote, pour vous faire adhérer à ce qu'ils font, vous plumer, vous enfumer, vous demander de travailler pour eux, sous couvert de démocratie et pour le bien de la nation. L'ombre, qui est la matrice de la manipulation et destruction mentale, n'est pas là pour vous servir, comme beaucoup le croient. Il faut ouvrir les yeux, entendre, comprendre avec la conscience du cœur de comment on vous manipule par fariboles d'illusion.

Regardez vos religions par exemple, lorsqu'elles parlent d'amour, de lumière et de paix, et de sérénité, et qu'elles exterminent ceux qui n'adhèrent pas. Mais elles ne savent pas ce que c'est. Ce sont des mots vides, des interprétations pour vous endormir. Elles revendiquent et parlent au nom des Maîtres qui se sont incarnés et ont soi-disant formé leurs religions. Tout cela est faux et arrangé pour vous maintenir dans un enfer-me-ment d'obéissance à les servir par vos vibrations énergétiques.

À l'époque, le monde était différent et ces Maîtres incarnés étaient là pour amener une ouverture de conscience à l'amour et la paix universelle, aider à faire un travail d'introspection pour pouvoir évoluer en esprit libre, en homme libre, sans dépendre de qui que ce soit d'extérieur. Mais tout cela, ce savoir d'antan, a été modifié, falsifié par des personnes malveillantes, pour vous asservir par des vérités fausses qui programment votre esprit à croire leurs vérités. Pensez-vous que les religions sont là pour amener et servir Dieu en commandant des atrocités, en apportant la mort, en vous obligeant à vous battre pour un Dieu ? Vos soi-disant dieux sont imaginés par des êtres diaboliques qui ont formé et voulu la dévastation de l'esprit humain par sa soumission, afin qu'ils se nourrissent de vos énergies de peurs. En se nourrissant vibratoirement de vos peurs, de vos émotions, de vos énergies vitales… ils vous soumettent à des égrégores d'entités néfastes qui vous hantent mentalement par des formes pensées, qui vous incitent à vous soumettre à leur résonance vibratoire pour les nourrir encore davantage de votre énergie.

Cette réalité sur les dirigeants de vos religions, sur le pourquoi de leur présence et qui les a installés pour vous soumettre, sur ces associations de laveurs de cerveaux, vous est bien cachée. Mais maintenant, à la nouvelle ère du Verseau, advient l'apocalypse, les RÉVÉLATIONS CACHÉES. Toutes ces vérités cachées commencent à ressortir au grand jour et mettre à nu ces religions qui portent l'autodestruction mentale, la désolation de l'esprit humain en lui faisant croire au paradis céleste, qui n'existe pas, sauf en vous, quand vous êtes un homme libre d'esprit, ne dépendant de personne d'autre que de lui-même.

Vous côtoyez également des êtres humains, à moitié robotisés, et en grand nombre sur terre. Ils n'ont pas de cœur, pas de conscience, pas d'âme et sont souvent des disciples des archontes. Ils sont leurs yeux et leurs oreilles sur terre. Ils ont des implants dans leur tête ou leur corps, et sont formatés pour faire un travail sur terre en rapport à leur programme implanté. Ils sont très intelligents, instruits, charismatiques et vous les retrouvez souvent chez vos politiciens, les acteurs, les directeurs de grandes firmes, dans vos religions… Ils investissent différents corps de métier pour surveiller et rendre des comptes aux êtres non humains, pour qu'eux puissent agir en conséquence pour créer des dualités, des affrontements, des disputes, des guerres, des manifestations… Ils ont tous une vie normale et intégrée, mariés, enfants, loisirs… mais ils sont formatés mentalement pour faire un certain travail sur terre au service des archontes qui œuvrent à notre involution. Mais malheureusement, ils n'en ont pas conscience.

Voilà ce qu'est la matrice de l'ombre, contrôler votre vie, votre esprit pour que vous la serviez. Vous faire croire à beaucoup de choses, de vérités falsifiées qui programment votre esprit mental à obéir et vous soumettre à des algorithmes de vérités illusoires. On vous a prévenus, certaines vérités ne seront pas faciles à entendre, à comprendre, car votre mental égocentrique intellectuel ne vit qu'à travers des mots terrestres, sans hautes fréquences d'illumination, hors la vraie valeur exist-en-ciel du soi supérieur. La personnalité veut rester dans un monde linéaire statique qu'elle connaît, un monde de désolation qui ne vit qu'à travers les autres par obéissance intellectuelle de soumission.

L'ombre a toutes les facettes de ce monde terrestre et se cache dans toute réalité qui n'est pas lumière, elle saborde toute envie d'élévation par des entités d'égrégores pour avoir la mainmise sur toute vie. Mais à ce jour, elle s'essouffle, car la lumière est de plus en plus présente, puissante et réactive dans l'éveil de la nouvelle conscience humaine. Votre force intérieure est de vivre l'instant présent en présence de votre unité du cœur, qui, on vous le rappelle, est l'Esprit saint qui est en train de descendre en vous pour vous éveiller, pour vous aider à faire le grand passage dans la nouvelle ère du cœur avec l'aide des êtres de lumière. Respirez consciemment avec votre unité du cœur et votre force intérieure présente qui vous aide à vous accomplir, vous protège, vous initie en vous-même et votre destinée.

11. Les êtres de lumière

Ils viennent de différentes planètes, différents univers, et sont là pour amener leur aide à la transition de ce monde. Ils participent à leur manière, très souvent dans les coulisses, pour aider à réaliser avec vous ce nouveau monde, en vous et votre vie. Ils donnent des messages d'orientation, d'évolution, d'ascension à ceux qui sont là pour transmettre des vérités, apportent une aide mondiale universelle. Ils vous protègent, vous enseignent à faire valoir vos droits d'homme libre en esprit par des vérités qui souvent dépassent l'entendement humain.

Il faut savoir aussi qu'il existe également des êtres nocifs qui s'intéressent à nous, comme les Archontes, des êtres diaboliques, les petits gris et bien d'autres. Ils sont en contact avec vos dirigeants depuis des décennies, pour faire des arrangements d'échange avec eux, contre des technologies modernes. Très souvent, ce sont des technologies qui apportent la mort ou des technologies d'autosurveillance comme les téléphones, des programmes d'ordinateur, des jeux vidéo autodévastateurs de consciences… et bien d'autres dont vous vous servez tous les jours. Tout cela pour vous surveiller, vous manipuler, vous mutiler mentalement et vous asservir et faire des expériences sur vous par autoprojection de vibrations dirigées néfastes.

Les êtres de lumière sont là pour apporter des enseignements, des savoirs, des routes à suivre pour nous aider à changer de plan de vie, de dimension, pour rentrer dans une liberté être du JE SUIS. Ils sont opérationnels sur toute la terre à leur manière, en transmettant des messages d'évolution, des routes à prendre. Des vaisseaux sont stationnés autour de la terre dans d'autres dimensions et nous aident à la grande transition qui est en train de se manifester sur le monde terrestre.

Nous sommes autour de vous à veiller au bon fonctionnement du grand changement qui opère dans votre corps, votre esprit, votre vie, et sur le monde actuel qui est en grande transition d'élévation de conscience. Nous voyons tout ce qui se passe sur terre et agissons quand nous pensons que les choses vont trop loin, nous veillons aussi sur vos centrales nucléaires qui souvent ont de gros problèmes et des fuites et nous faisons en sorte que tout se réactualise dans le bon sens de fonctionnement.

Ces centrales, vous n'en avez aucune définition pour les déterminer très dangereuses pour l'avenir. On vous fait croire beaucoup de choses fausses sur leur utilité, mais en vérité, si elles ne sont pas entretenues correctement, la fusion est une bombe à retardement qui risque de faire des dégâts irréversibles. L'être humain est un enfant qui aime jouer avec le feu, il est indiscipliné dans sa façon d'agir et de raisonner, car il se laisse envahir mentalement par des entités négatives qui l'obligent à agir d'une certaine façon pour les servir.

Vous voyez, tout ce que vous accomplissez doit être sous surveillance. Souvent, tout est en position d'involution pour vous, pour vous soumettre à des causes, des technologies qui dévastent votre liberté d'esprit, vous emprisonnent dans des enfermements d'autodévastation mentale et vous ne le voyez ni ne le percevez pas.

Ces êtres non humains sont très compétents pour servir certaines catégories de personnes robotisées dans leur état d'être, avec toutes leurs armes énergétiques vibrationnelles fabriquées sous manteau, très dangereuses pour le devenir de la santé de l'humanité. Beaucoup de choses irréelles pour l'être humain sont voulues et mises en vente par des firmes de grosses entreprises qui apportent la désolation. Pour elles, l'être humain n'est rien, l'amour ne résonne pas dans leur état d'être, mais l'argent, le pouvoir, la dictature, amener la mort… sont des priorités dans le monde actuel, pour desservir l'évolution de l'esprit humain. Ils connaissent tous les débouchés que peut encourir un changement de conscience, ainsi que ses aboutissements avec le temps, leur perte de contrôle sur la manipulation mentale de la population.

Nous agissons sur le monde en vibration énergétique pour que vous deveniez libre en esprit, repreniez votre pouvoir d'existence être de qui vous êtes en réalité, en tant qu'être divin qui est et agit sur sa vie active pour amener une énergie universelle d'amour, d'échange, d'émancipation. Vous voyez, différents peuples de différentes civilisations sont en train d'arriver autour de la terre pour l'aider à faire tous ces changements d'intensité vibratoire avec vous, pour que vous retrouviez en vous votre liberté d'agir en tant que cocréateur que vous êtes en homme libre.

La lumière transitoire à l'ascension est en vous dans votre esprit d'homme libre, pour encourir à tous ces changements énergétiques qui opèrent en vous et le monde. Vous pouvez demander notre aide pour que nous puissions agir avec vous à vos côtés. Mais si vous ne nous demandez pas de vous aider à participer à votre émancipation vers votre lumière intérieure, vers tous ces changements de paramètres de vie, nous ne pouvons pas vous aider. Le changement ne viendra que d'une prise de conscience à nous demander de participer à votre ascension sur terre. Vous pouvez aussi trouver de l'aide universelle avec les autres dimensions qui habitent la terre et avec le monde des êtres de la nature qui peuvent vous aider à votre évolution transitoire.

Souvent, on vous demande de vivre, si vous le pouvez, dans des villages loin des grandes villes. Elles portent en elles des stigmates, de vieilles mémoires de désolation, de guerres, de peurs, des mémoires d'entités errantes qui vibrent dans des énergies inférieures très néfastes à votre santé. Vous les captez, elles s'accrochent en vous et s'imprègnent dans vos cellules, votre corps, votre esprit. Si vous pouvez oxygéner votre esprit dans des endroits sains comme vos campagnes, les mers, les montagnes, faites-le le plus souvent possible, car les vibrations énergétiques de ses endroits sont élévatrices, puissantes et transformatrices. Ces lieux de nature ont le privilège d'être habités par des êtres de différents plans, qui protègent et veillent à leur bon fonctionnement. Les campagnes sont des endroits de ressourcement naturel pour le corps et l'esprit, pour le rendre plus libre, conscient de la vraie réalité vibratoire qui y vibre. Pourquoi ? La nature est composée de lumière, de vibrations énergétiques très puissantes et élevées en action de grâce et d'entités qui protègent et illuminent tous ces lieux de leur bienveillance, participent à l'évolution des saisons et aident la terre de leurs bienfaits. Les mers, les montagnes sont habitées par des êtres de différents plans qui participent à l'émancipation de la faune, de la flore, de toutes vies en ces lieux. Ils sont sacrés et évolutifs pour la conscience et contiennent des pouvoirs transformateurs et de bien-être pour votre santé. Soyez plus dans vos campagnes, dans le monde de la nature en la protégeant vibratoirement, en lui transmettant de l'amour, de la lumière… en veillant, échangeant avec elle, et elle vous le rendra en centuple en vous nourrissant de vibrations qui vous apporteront santé et bonheur.

Vous pouvez aussi avoir des guides de lumière qui sont incarnés en animal, présents pour vous protéger, vous guider, élever votre taux vibratoire dans vos réalisations vies. Ils sont attachants et vibrent et vivent leur vie à vos côtés, à équilibrer votre esprit vibratoire de leur énergie active qui résonne en vous. Ils font un travail d'évolution, de guidance sur des plans plus subtils, pour vous amener à vibrer et vivre votre vie en correspondance avec votre destinée terrestre.

Comme vous le voyez, vous n'êtes jamais seul dans votre vie active, toujours accompagné et aidé de différentes façons en rapport à votre ouverture d'esprit envers nous. Tout est mis à votre disposition à comprendre et élever votre état d'être, en une liberté d'esprit, à concevoir ce qui doit devenir pour votre transition envers les mondes universels de votre famille céleste.

12.   Soyez le mouvement de la vibration

La vibration est active-productive-transformatrice quand vous devenez le mouvement qui la met en action. Le mouvement vibratoire intérieur qui vous est donné à vibrer, à vivre est celui du cœur, celui qui vous aide à acquérir une spontanéité consciente du moment présent à manifester et créer sur un plan multidimensionnel matière à être.

Cette puissance énergétique est visuelle en vous, dans votre corps, votre esprit, en vibration que vous imprimez à devenir actionnaire dans la matière. L'insufflation énergétique est ce qui vous amène à matérialiser dans le monde matière la forme de l'intention vibratoire en une créativité matière à être, à se mouvoir.

Vous êtes l'énergie active-productive et l'acteur qui initialise le mouvement dans son accomplissement, dans le sens de l'équilibre de vos deux mondes, le céleste et la matière. Cette réalité céleste est la créativité énergétique qu'elle produit, puis incarne et donne vie pour s'accomplir et se réaliser à être. Suivre le mouvement est cette prestance spontanée de la vibration du présent que vous recevez, sans réfléchir, simplement en agissant dans sa réalisation matière à la manifester.

Vous vibrez le ici et maintenant, vous donnez vie à cette énergie intelligente dans sa matérialisation, devenant matière à s'accomplir et donnant forme vivante à se produire.

Tout cela vous amène à vivre dans l'équilibre des deux mondes qui se trouvent en vous, votre centre de gravité qui est le monde du cœur, la matière, le céleste. Ne confondez pas la force du feu intérieur qui vous permet d'exister, de créer et d'agir dans le monde matière, que vous trouvez dans votre hara. Cet équilibre vibrationnel d'ajustement est dans le cœur, le centre de la croix de vie qui est en vous, le monde de l'Esprit saint, quand vous êtes en fusion d'unité, vous êtes dans la créativité de l'intelligence supérieure avec les autres mondes qui occupent votre espace de vie être sur terre.

En cela, vous utilisez et créez consciemment avec les énergies en mouvement, que vous donne à vivre votre intuition du cœur, à manifester une intention énergétique à se produire dans votre JE SUIS. Tout cela est subtil, mais bien réel quand vous utilisez consciemment la force de l'énergie active pour vous aider à manifester ce qui doit l'être.

Vous voyez, ce monde subtil d'équilibre de vie est cette énergie active-productive en mouvement qui vous a été cachée, car sa puissance active de vibration dans l'action de grâce amène toujours une double réalité à être, l'énergie et la matière, un équilibre de soi dans les deux mondes qui existent en vous.

Le monde a une double réalité dans sa constitution, l'énergie vibrationnelle dans toute vie sur terre et sa réalité matière qui est le monde de la matérialisation avec l'intention énergétique qu'elle rayonne et vibre.

Tout cela vous démontre l'importance que vous devez exercer sur ce qui est mouvance en énergie en vous et ce qui est exécuté dans la forme matière de votre personnalité, pour la faire transiter dans l'autre subtilité divine. C'est ce qui donne et crée un équilibre de vie intérieur et extérieur, car votre divinité est le cœur divin et votre ego la personnalité matière. Le centre acteur-productif-transformateur de vos deux mondes est le cœur, votre divinité supérieure en l'Esprit saint.

Donc, vous avez en vous deux mondes qui sont actifs et productifs où vous pouvez agir maintenant main dans la main dans l'intention énergétique vibratoire donnée, en créant, manifestant dans le monde matière, en cocréant ou manifestant une réalité à être, à exister, à vibrer, à se produire.

Vous retrouvez l'équilibre de vie dans le monde céleste matière dont on vous parle souvent quand vous travaillez avec vos deux mondes, producteurs et acteurs.

13. Les attirances vibratoires de votre état d'esprit

Souvent, ce qui vous est transmis dans nos messages, c'est de faire le vide dans votre tête, car ce que votre corps, votre esprit émettent vibratoirement vient de ce que vous pensez, ils sont des catalyseurs vibratoires d'attirance qui correspondent à votre état d'esprit. Celui-ci vous lie à d'autres personnes ayant la même résonance énergétique que vous. L'important dans votre réalité être sur terre est de comprendre que vous êtes énergie vibratoire d'attirance de ce que vous êtes, complémentaires les uns des autres. Tout sur terre n'est que vibration qui s'attire, se complète et se réalise sur les mêmes intensités d'ondes.

Alors, si dans votre tête, vous broyez du noir, vous pensez que vous êtes malade, que vous portez la poisse, que vous n'avez pas de chance, que vous n'êtes pas aidé dans votre vie… vous attirez obligatoirement les sphères d'énergies d'égrégores qui correspondent à toutes ces implications pensées. Vous vous unissez à ces sphères d'entités qui vous manipulent et vous obligent à obéir aux intentions que vous leur offrez par vos plaintes, vos peurs, vos angoisses…

Comprenez que quand vous rentrez dans le monde de la subtilité de l'énergie intelligente, vous ne pensez, ne réfléchissez plus en rapport au regard des autres, de ce qu'ils pensent de vous. Vous êtes et vivez dans la spontanéité intuitive que vous transmettent les êtres supérieurs qui veillent et vous accompagnent sur votre route de vie. Nous allons détailler le monde de la personnalité égocentrique et le monde de la spontanéité divine du cœur.

La personnalité

C'est un monde à part entière, qui ne survit que par les acquis intellectuels limités qu'il imprime dans les esprits quand vous allez à l'école. Votre société, comme souvent on vous l'a expliqué, ne veut pas de personnes intelligentes qui risquent de la déstabiliser dans ses conquêtes du pouvoir. Elle veut pouvoir vous manipuler, vous maîtriser mentalement, contrôler votre vie, avoir mainmise sur votre esprit, en vous inculquant un savoir survivre qui correspond vibratoirement à des obligations, des exigences d'occupation d'esprit par des jeux, des films parasitaires d'esprit, de violence, de peur, de dualité… Elle veut vous faire correspondre à des intentions préconçues de personnes bien obéissantes qui ne vivent que pour parfaire cette société bienveillante à son intention. Si vous sortez de cette inquisition mentale d'obéissance sociétale et que vous n'allez pas dans son sens ni dans celui de la pensée communautaire, vous êtes, comme ils vous le disent souvent, des complotistes, car maintenant, dire la vérité dans votre monde, penser par vous-même, fait de vous un paria qui vit contre la société.

Elle est en capacité de sortir le verbe acteur-régisseur de sa vraie résonance d'existence vibrationnelle. Elle en fait alors des mots tortueux qui vous apportent une autre vibration d'intention déformante de soumission, d'appartenance verbale. Ils vous impliquent dans des règles bien précises de verbalisation où les mots perdent leur sens premier, pour devenir interchangeables, car vides de sens. Ils vous adaptent à cette obligation de ne pas sortir de la matrice. Ils vous obligent mentalement par le verbe acteur communicatif d'énergie inférieure, à rester dans ce moule involutif.

Le verbe acteur, sorti de sa vraie valeur de vibration active, vous apporte une défaillance mentale d'adaptation, à obéir à une énergie de programme d'auto-implantation à vous soumettre à la matrice de l'ombre. Tout cela est très subtil, un changement dans la vibration d'un verbe acteur-régisseur qui déforme dans votre mental l'acte verbal d'exécution énergétique à être. Si vous résistez à cette programmation et transmettez des vérités avec le vrai sens du verbe acteur, vous êtes un complotiste qui se bat contre une société d'inquisition.

La personnalité doit, pour survivre, s'adapter aux règles de soumission et d'esclavagisme de la matrice. Elle a perdu le sens de sa vraie valeur existentielle d'être elle-même et de ne dépendre de personne d'autre que d'elle-même. Elle a perdu toute autorité d'indépendance et s'accroche à des miettes que veut bien lui donner la société pour lui faire croire qu'elle est à votre écoute. Mais si vous regardez avec recul et hauteur d'Esprit comment vos dirigeants vivent correctement leur vie en se surprotégeant entre eux, vous commencerez à réagir différemment sans plus rien attendre de leur part.

Vous commencerez à vous autoprotéger de leur vibration verbale d'inquisition, de soumission à obéir à leur cause. Vous aurez à faire un état des lieux général de votre vie, de comment vous pouvez vivre, vous en sortir sans être aux crochets de cette matrice illusoire et dévastatrice. La solution est en vous, dans votre second monde intérieur qui est votre partie divine qui ne demande qu'à vous aider, si vous ne l'étouffez pas de vos peurs, de vos addictions, doutes, appréhensions… et si vous la laissez s'exprimer à travers vous par des signes vibrationnels.

Votre divinité intérieure

Il faut être conscient que vous avez en vous une autre réalité exist-en-ciel qui ne demande qu'à s'exprimer à travers vous et vous aider dans vos tâches quotidiennes de votre vie être terrestre et céleste.

Votre équilibre d'être divin et de votre personnalité se trouve quand vous êtes en fusion avec le monde intérieur et extérieur. Vous ne dissociez ni l'un ni l'autre, ils sont complémentaires dans leur réalisation céleste et terrestre pour mettre la lumière, l'énergie, l'intention, la vibration dans le monde matière, pour que tout soit porté en équilibre dans l'énergie.

La différence, quand vous mettez une intention supérieure dans la matière, c'est qu'elle est en résonance avec l'univers, avec ce pour quoi elle a été voulue et créée à être. Elle rayonne, vibre, apporte un échange vibratoire qui donne à transformer, équilibrer ce qui doit l'être autour d'elle. Elle est vivante, vibrante et possède des intentions légitimes à apporter une grande réalité transformatrice.

Quand on vous dit que maintenant, vous travaillez, créez céleste-matière à être, vous comprenez que l'énergie est votre réalisation dans le monde matière qui s'ajuste, elle apporte toujours un équilibre des deux mondes actifs de vous, car rien n'est dissocié en vous, vous êtes entier dans qui vous êtes en tant que créateur actif-productif divin matière à être.

Il faut toujours et en toute circonstance travailler et créer avec votre famille céleste, pour être protégé et guidé dans vos réalisations et créativités conscientes. Vous ne dépendez plus d'un monde extérieur de programmation d'obéissance, esclave de tout ce qui se passe dans votre pays, le monde. Vous contribuez et agissez vibratoirement à amener et transmettre ce qui doit être pour créer un grand changement de plan, de dimension à s'incarner sur terre. Vous êtes un initié de lumière qui opère dans le silence est d'or, en créant, manifestant des intentions divines que l'on vous donne pour apporter et mettre en place une nouvelle société d'amour, de paix, de lumière.

Vous êtes nombreux en ce monde à manifester la créativité consciente pour amener une transition rapide sur terre. Reliez-vous à l'intelligence de la lumière en laissant la télépathie vous instruire, vous guider, vous enseigner ce que doit être votre participation céleste-terrestre, mais à votre niveau d'ouverture de conscience pour agir, transformer ce qui doit l'être.

Ne vous sous-estimez pas, car votre puissance d'action, vous ne pouvez l'imaginer en tant qu'être humain sur terre. Vos possibilités d'actions dépassent votre entendement, car vous êtes créateur dans toute implication que vous donne à vivre l'intelligence de la lumière en vous. Surtout, ne vous occupez pas des autres, car chacun a une route de vie à suivre et tous ne sont pas là pour aider à la transition sur terre. Ils pourront y participer, mais à leur façon selon leur ouverture d'esprit. Laissez votre famille terrestre à ses occupations de vie, et si elle veut comprendre votre changement et apprendre, là, vous pourrez l'aider à faire le grand pas dans la transition consciente de ce que vous donnera à vibrer le verbe acteur-régisseur, qui saura quoi dire et faire pour les amener à s'ouvrir consciemment à ce nouveau monde. Si vous les obligez à changer en leur mettant la pression, tout se retournera contre vous.

14. La puissance de la prière active que vous matérialisez

Cette conscience réalisée intelligente qui vous est donnée maintenant pour agir consciemment avec votre famille céleste, votre divinité intérieure, avec qui vous communiez, vous échangez, est la fusion avec le créateur divin que vous êtes, qui est votre nouveau monde de vie être.

Vous êtes cette conscience supérieure du moment présent quand vous êtes vous-même le cœur de vie, quand vous agissez spontanément avec le verbe acteur-régisseur-transformateur que vous donnez à manifester, à se matérialiser dans la matière à être. Vous êtes acteur producteur de votre devenir et cette prière que vous faites, vous lui donnez vie, elle se crée en toute conscience en UNITÉ avec vous-même et le temps à venir.

Il faut comprendre que toute prière que vous manifestez en intention supérieure, vous ne la faites pas dans un monde extérieur, avec des entités extérieures à vous-même que vous attirez par vos convictions. Car lorsque vous faites des demandes mentales inférieures adressées vers l'extérieur, vous ne savez pas avec qui vous communiez pour manifester une réalité.

Il faut savoir que la prière extérieure est mentale et se lie à des pensées vibratoires qui lui correspondent dans ce monde extérieur à vous. Tout n'est que vibration énergétique dans le monde où vous vous trouvez, même si les ego n'en parlent pas, vous vous liez avec vos paroles, vos pensées, vos actions... à des égrégores vibratoires de même résonance. Le monde extérieur est rempli d'entités néfastes qui travaillent et évoluent avec l'ombre, la matrice. Quand vous allez dans les lieux de culte imposés pour prier, vous y manifestez vos souhaits, mais les religions ont galvaudé la relation terre-ciel, et il y a des entités néfastes, des entités de mauvais augure qui profitent de la manne que vous leur offrez, leur but est que vous les nourrissiez de vos énergies vitales. Comment pouvez-vous penser que dans des lieux où des ego manipulateurs de consciences ne parlent que de violence (guerres de religion), de jugements (non-acceptation de personnes différentes), où on vous demande de l'argent... qui vous culpabilisent, vous puissiez y trouver la lumière ?

La prière est une création interne, avec votre famille céleste avec qui vous communiez, échangez et demandez de réaliser vos souhaits, en sachant que c'est à vous-même que vous demandez de réaliser vos propres souhaits. La prière peut être faite dans tout lieu où vous vous trouvez, mais intérieurement, le mieux étant d'aller dans la nature, près d'une rivière, un lieu naturel avec des énergies de hautes fréquences vibratoires. Pas besoin de vous trouver dans des lieux malsains comme vos lieux soi-disant de culte et dirigés par des ego.

Il faut que vous communiiez de plus en plus avec le

monde du cœur, laissez derrière vous le passé de votre personnalité mentaliste limitée, et respirez consciemment avec votre cœur pour correspondre et ouvrir les portes d'une autre subtilité plus attrayante pour votre devenir présent futur. La prière est importante pour votre évolution et prise de conscience, pour votre devenir sur terre, elle vous permet d'échanger avec d'autres dimensions qui occupent votre espace et vous protègent. La prière est une connexion intérieure qui vous permet de construire dans vos deux mondes, intérieur et extérieur, avec la résonance vibratoire du cœur qui vous donnera à agir spontanément sans que votre mental intellectuel ne s'en mêle.

15. Le travail divin que vous pouvez faire en toute conscience

Vous voyez et comprenez que vous êtes en réalité un être divin qui peut agir sur sa vie, la céleste matière par la créativité consciente de son esprit. La créativité céleste-terrestre est l'intention, ou intuition, que vous portez en vibration énergétique à tout ce que vous faites dans votre vie. Vous pouvez agir sur toute forme matière, comportement interne, créer en esprit libre ce que vous voulez avoir, changer, faire évoluer, transmuter, comme des maux... dans votre espace de vie être. Vous pouvez créer en toute liberté avec votre cœur, qui vous donnera à agir quand le moment se présentera, pour amener une réalité vibratoire à être, supérieure, à se matérialiser sur terre.

Vous êtes, en réalité, tous des créateurs acteurs-agisseurs-transformateurs. Ne doutez pas de vos connaissances intérieures en tant qu'entité divine qui peut agir sur sa vie, sa ville, son pays, le monde... Tout cela est nouveau pour vous, mais en retrouvant votre vraie réalité être de qui vous êtes en tant qu'entité divine, vous allez retrouver petit à petit vos dons de créateur divin. Cela vous reviendra quand vous aurez compris et agi sur vous-même en déployant vos ailles divines qui se trouvent dans votre dos. Elles existent réellement, mais ne sont pas déployées à cause de votre personnalité égocentrique qui ne vit qu'à travers le monde matière. Beaucoup de choses ont été cachées pour que vous ne repreniez pas votre liberté d'être créateur, qui agirait sur sa propre vie, et ne serait plus l'esclave de la société inférieure de la matrice.

Vous êtes dans ce monde linéaire de la personnalité et maintenant vous fusionnez en toute conscience libre de créateur actif pour créer votre vie être du moment présent, qui, on vous le rappelle, est votre intuition, votre intention supérieure qui vous le donne à vivre dans une respiration consciente, vivre et vibrer l'énergie du ici et maintenant. Cette énergie du moment présent est la clé qui va vous permettre de rentrer dans votre nouvelle unité être du cœur, pour recevoir la manne céleste, remettre à jour les dons que vous avez en vous et ceux acquis dans des incarnations précédentes. La force intérieure, votre feu divin est cette réalité transformatrice qui vous anime, vous montre que la mort n'existe pas, sauf pour le corps physique, qui n'est qu'un passage dans la continuité de votre ascension dans d'autres mondes ou revenir faire du service sur terre, cela se fait en fonction de cette vie présente et de vos actions dans le monde.

Votre devenir sur terre et en relation d'abandon de soi à se faire confiance, développer son intuition de créateur pour agir sur la céleste matière. Vous pouvez agir sur toute matière pour y amener une étincelle de vie divine, rayonner de votre corps et votre esprit une énergie transformatrice-élévatrice où vous transformez vibratoirement tout, en rayonnant une énergie supérieure. Vous amenez ce qui est en haut en intention active, l'énergie actrice-transformatrice sur le monde d'en bas, la matière.

Ce qu'il y a en haut est comme ce qu'il y a en bas, ce qu'il y a en bas est comme ce qu'il y a en haut. Vous transformez vibratoirement en une autre réalité une matière inerte involutive comme : des corps de métier, des constitutions, des religions, des politiciens, un gouvernement, une ville… en une transition évolutive d'ascension sur des plans élévateurs et transformateurs, grâce à votre rayonnement de transmutation. Tout cela vous dépasse, un être humain en unité fusionnelle peut agir et transformer vibratoirement, par son rayonnement de lumière, tout ce qu'il veut. Mais si vous saviez ce que vous pouvez transformer, équilibrer, ajuster, changer, manifester… sur tous les plans terrestres, vous en seriez surpris, mais cela reste incompréhensif pour un mental égocentrique.

Une énergie actrice-évolutive est très puissante et active quand vous l'avez en vous et la mettez en fonction. Elle agit, réagit, transforme et équilibre ce qui doit l'être, vous informe par pensée, intuition, révélation, par télépathie… ce pour quoi vous l'avez reçue et le travail énergétique que vous avez à créer ou manifester. Vous pouvez aussi agir par vibration énergétique d'intention sur votre santé, rééquilibrer votre taux vibratoire pour vous protéger du monde extérieur.

Rien n'est impossible, sauf pour l'ego, quand vous êtes

libre en esprit, car le savoir, les connaissances, les enseignements vous sont transmis en les vibrant d'abord en vous pour en comprendre toute la subtilité d'intention, pour ensuite les vibrer dans la matérialisation matière. Votre puissance d'esprit n'est plus limitée à des connaissances et savoirs basiques terrestres, mais possède une évolution illimitée de soi en un esprit libre qui maintenant apprend dans L'ÉCOLE UNIVERSELLE CÉLESTE avec des Maîtres enseignants et des guides de haut rang.

16. La transition d'un plan terrestre à un plan évolutif céleste

L'évolution est une activité céleste qui vous amène à savoir que tout est en transition évolutive et changement quand vous opérez dans un monde universel.

Différents plans d'évolution dans la galaxie existent, mais chacun trouvera sa place, son lieu, en rapport à ce qu'il est et représente vibratoirement. Dans le monde universel, chacun est en résonance vibratoire avec un plan pour occuper une place destinée dans un monde qui correspond à son évolution d'entité divine. Il peut revenir dans le monde terrestre, aller sur d'autres planètes, mais cela est toujours en correspondance avec les expériences que l'entité veut vivre et accomplir pour son cheminement divin. Différents mondes existent autour de vous, des dimensions supérieures, des mondes parallèles, car le monde de la troisième dimension est le plus bas vibratoirement. D'autres plans plus évolutifs existent dans d'autres sphères d'existence et vibration plus élevées.

Vous êtes rattaché vibratoirement à votre source créatrice, qui est composée d'une sélection de douze esprits divins de la même réalité vibrationnelle. Ils peuvent s'incarner dans différents plans, planètes, galaxies. L'avantage de cette fusion d'entités divines est qu'elles peuvent se compléter, même si elles ne sont pas sur le même plan d'ascension, il s'agit de votre propre famille vibrationnelle céleste à laquelle vous appartenez, et chacune de ces entités forme une même unité familiale.

Vous êtes lié à votre propre source mère vibratoirement et vous pouvez vous aider par acquis d'expériences, par vibrations d'intention transmissibles, car vos origines divines sont orientées sur la même route de vie, l'expérience évolutive. Il peut vous arriver de savoir quelque chose en pratique alors que vous n'avez jamais pratiqué dans votre monde, mais vos mémoires familiales sont toutes régulées par la même sphère source qui vous a conçu. Vous recevez des informations des autres entités divines qui appartiennent à votre centre de vibration et qui vous transmettent leurs connaissances, leurs acquis, quand vous en avez besoin, car vous êtes tous reliés entre vous et vous pouvez vous entraider quand la fusion unitaire intérieure supérieure est faite entre vous.

Pour cela, vous devez accomplir un cheminement céleste d'occupation divine à votre évolution d'esprit, pour recourir à cette réalité transmissible de savoirs et connaissances vibratoires entre vous. Vous pouvez recevoir des informations qui ne sont pas connues de vous, mais dont vous savez par instinct quoi en faire et comment agir avec, car l'unité fusionnelle entre vous est toujours transmissible pour vous autoguider. Cela démontre votre résonance vibratoire avec d'autres entités divines qui appartiennent au même noyau familial que vous.

Différentes sources existent dans l'univers et chacun de vous appartient à une d'elles. Il existe différentes explications sur votre provenance, mais vous êtes tous issus de la source créatrice universelle. Ces quelques explications pour vous montrer que votre instinct divin est toujours lié à une autre réalité divine qui fait partie de votre unité être ascensionnelle. Vous ascensionnez et en même temps, vous faites ascensionner votre famille céleste sur les plans où elle se trouve, idem pour elle à vous aider à changer et évoluer.

C'est pour cela que l'on vous dit souvent de vous unir à votre divinité intérieure, car cette fusion universelle avec la source créatrice vous permet de vous unir vibratoirement à votre famille céleste pour évoluer et vous compléter divinement. Toutes ces vérités vous ont été cachées, mais quand le monde a été conçu sur terre, vous étiez tous entiers en votre unité divine, et la vie était bien différente, agréable pour pouvoir vous expanser, libres comme le vent.

Vous pouvez retrouver toute cette réalité de liberté en vous différenciant du monde de la troisième dimension, en cocréant vous-même votre devenir sur terre, en étant actif transmetteur et acteur de votre nouveau monde, qui se répercutera par vibration intentionnelle à aider d'autres personnes qui sont en résonance vibratoires avec vous. Vous êtes tous en accord de vibration avec d'autres personnes de ce monde terrestre qui résonnent comme vous, et vous pouvez vous entraider simplement en vidant votre esprit de ses entraves inférieures et en vibralisant votre vie au grand changement de conscience. Vous êtes, nous vous le répétons, des êtres de lumière qui peuvent agir sur leur espace de vie être et retransmettre les vibrations d'action de grâce à d'autres personnes qui sont prêtes intérieurement à faire le même travail, créer son monde de liberté d'esprit.

Cela vous dépasse en tant qu'être humain, mais vous êtes tous vibrationnels et transmetteurs de réalités supérieures à être, pour qui sera ouvert intérieurement à recevoir cette manne céleste du grand changement d'appartenance. Tout est lié par des liens de vibration correspondant à votre note de musique, à votre note vibratoire. Vous comprenez que ceux qui sont en lien avec ces résonances actives de notes correspondront vibratoirement avec vous et l'échange d'acquis pourra se transmettre entre vous.

17.   Tu ne jugeras point, soyez la vérité qui pardonne

La vraie valeur exist-en-ciel est de savoir qui vous êtes en votre réalité d'être divin intérieur, qui est venu sur terre pour faire des expériences d'évolution. Cette réalité d'ajustement, vous ne la trouverez jamais à l'extérieur de vous-même, mais dans vos profondeurs d'être divin, qui jouit de l'unité de vie être quand vous êtes conscient que tout est fait, réalisé, ajusté et donné de vous-même par votre étincelle divine.

Vous vous êtes coupé de votre source créatrice quand vous vous êtes incarné sur terre, pour trouver, former une personnalité qui correspond à votre venue sur terre en tant que missionné. Vos retrouvailles avec vous-même, votre divinité, vous seront redonnées quand vous aurez réglé dans ce monde vos karmas de vos autres vies.

Il faut comprendre comment fonctionne une élévation de conscience sur terre. Vous devez d'abord régler vos antécédents karmiques que vous avez créés dans les autres vies vécues, ensuite, quand tout est réglé, vous rentrez dans le monde de l'ascension divine avec votre divinité intérieure et vous commencez à faire le travail divin que vous vous êtes donné dans cette vie être avant votre naissance.

Dans votre famille terrestre, vous rencontrez toujours les

acteurs avec qui vous avez eu des problèmes antérieurs à régler. C'est le plus souvent dans vos familles que vous avez les karmas les plus lourds à régler. N'oubliez pas que le hasard n'existe pas, que les personnes, frères et sœurs, parents, les situations, les événements, les rencontres… sont souvent importants pour régler ce qui doit l'être dans l'humilité, sans rejeter la faute sur autrui. C'est pour cela que dans les familles terrestres existent des conflits intérieurs que vous devez résoudre, pour pouvoir avancer dans une liberté d'esprit libre.

Les autres conflits, qui se trouvent en dehors de votre famille, sont plus légers, mais vous devez les prendre en compte pour pouvoir avancer dans le monde de la lumière. Quand tous vos problèmes extérieurs sont résolus, vous passez dans le monde de la lumière intérieure de votre divinité où maintenant vous commencez votre mission de vie supérieure.

D'abord, commence en soi une grande épuration mentale, physique et active de votre vie. Des changements opèrent dans votre corps, votre esprit, votre réalité être de votre personnalité, pour rentrer dans la nouvelle conscience exist-en-ciel du cœur, si vous préférez, mettre la lumière active transformatrice dans tout ce que vous représentez divinement.

Chaque être humain doit régler ces antécédents des autres vies avant de s'illuminer intérieurement et extérieurement pour apporter la lumière à être. Quand vous entendez dans vos radios, vos téléviseurs, que telle personne a commis un crime, a été violée, a perdu son enfant, a eu un accident, devient handicapée… c'est que c'est une réalité karmique qui est en train de se régler, avec une entente d'accord avant la naissance de ses participants sur terre. Ne croyez pas que c'est du hasard tout ce qui se passe, advient dans votre monde. Tout cela est voulu et mis en place par l'univers, par vos guides-enseignants, pour régler ce qui doit l'être pour votre évolution. Alors, ne jugez plus ce qui se passe autour de vous quand vous voyez des atrocités se créer, car vous ne savez pas le pourquoi du comment qui est en train de se réaliser, se mettre en place par l'univers pour régler un karma.

La neutralité est une prise de conscience qui commence à s'installer en vous, dans votre cœur quand vous commencez à vibrer et unifier le monde intérieur divin. Vous vous abandonnez à la foi porteuse-régisseuse de votre unité être du cœur qui sait que tout est à sa place pour que les événements se réalisent et fassent progresser le monde. Même vos politiciens, vos gouvernements, vos religieux… ont été mis à ces places importantes pour qu'ils règlent ce qu'ils ont à régler, mais ces expériences sont périlleuses quand on voit ce qu'ils font et ce qu'il advient d'eux. Il faut que vous soyez dans l'humilité de tout ce qui se passe dans votre pays, le monde. Ne jugez pas ce qui arrive, ce que vous voyez, qui est injuste pour vous, mais laissez la vie faire son travail, car tout se paie avec le temps et ils devront se réincarner dans un autre monde de troisième dimension où ils feront un travail d'introspection de ce pour quoi ils vivent cette vie donnée maintenant.

Maintenant, il faut comprendre que vous avez des êtres humains qui sont habités par des entités néfastes qui les manipulent mentalement, qui les obligent à agir d'une certaine façon dans leur vie. Ces êtres-là ont laissé le monde de l'ombre les convertir à la démence, à se soumettre au maître de la cupidité, du pouvoir sur autrui. Tous ces êtres-là auront des comptes à rendre avec le temps. Mais ils peuvent reprendre leur vie en main si une ouverture de conscience divine se fait, se réalise en eux. Rien n'est impossible, tout n'est que compréhension de qui vous êtes pour changer de dimension de vie être.

Soyez indulgent dans ce que vous dites, ce que vous pensez, créez. Rien ne vous appartient et vous ne savez rien du tout de ce qu'il advient des réalités qui se passent dans votre famille, votre ville, votre pays… mais vous avez la ressource créatrice divine de la spontanéité du verbe acteur-régisseur-transformateur du monde supérieur qui peut vous aider à transmuter tout ce qui doit l'être. Ce n'est pas vous qui agissez, qui décidez, mais l'intention supérieure qui vous est donnée à mettre en place dans une création, une réalité pour amener un changement. Vous êtes un émetteur-transmetteur qui agit spontanément avec l'intelligence de la lumière pour amener une transition à prendre place pour se réaliser. Soyez simplement un observateur qui vit en marge de l'involution du monde de la troisième dimension, qui applique ce qui doit l'être avec sa famille céleste pour amener un change, pour transmettre une ascension à être.

18.   Rayonnez consciemment votre lumière transformatrice

Il faut comprendre que votre priorité, en tant qu'être humain divin, en ces grands changements de conscience pour le grand passage, est de participer à l'évolution de ce monde, pas en vous mettant au-devant de la scène, mais en participant avec votre intelligence d'or intérieure, pour créer et donner le change énergétique.

Vous êtes des êtres divins cocréateurs. Vous pouvez agir sur votre vie et le monde qui vous entoure, en utilisant la foi porteuse-actrice transformatrice que vous donne à vivre spontanément, instantanément, votre pouvoir divin acteur-régisseur. Votre méditation consciente de chaque instant est le souffle divin que vous créez pour vous aligner à la verticale supérieure avec votre divinité, pour travailler et évoluer ensemble. Votre pouvoir d'action de grâce, avec le verbe acteur-régisseur-transformateur, est de vibrer l'instant présent du ici et maintenant, pour recevoir l'inspiration divine pour agir, transformer, équilibrer, cocréer… ce qui doit l'être dans votre vision divine donnée pour agir.

Il vous suffit d'être vide dans votre tête, de respirer consciemment et ne pas vous occuper de tout ce qui se passe et va advenir de la troisième dimension, mais de vibrer la lumière du cœur, la lumière universelle et rayonner tout cela où vous êtes, où vous passez, dans tout lieu de vie où vous pouvez agir, aider. Votre rayonnement vibratoire universel est en correspondance avec ce que vous donne à vibrer votre cœur, votre intuition, votre intention en rapport avec les mondes supérieurs, pour amener une autre réalité consciente énergétique à s'établir pour transmuter ce qui doit l'être dans la vie active. Votre puissance de vie c'est être, JE SUIS, pour créer et amener un change énergétique à réaliser vie à être, transformer un ancien monde révolu en un monde de liberté d'esprit.

Il ne faut pas mentaliser, intellectualiser ce que vous faites et créez, car cela ne sera pas fonctionnel vibratoirement dans un sens évolutif, mais dans un sens d'involution, car votre mental sera rattaché obligatoirement à des entités qui vous feront croire que vous travaillez pour la lumière, mais en réalité je vous le dis, vous agirez dans le sens de l'ombre, à la nourrir de vos intentions vibratoires vitales et vous en serez affaiblis mentalement, physiquement.

Quand vous évoluez et transmettez des intentions supérieures, vous vous nourrissez de cette manne céleste que l'on vous transmet pour un travail spécial qui s'y rattache, que l'on vous demande de créer. Un travail conscient dans la lumière recharge vos batteries internes, ne vous affaiblit pas, mais vous fait en même temps un soin énergétique de rééquilibrage interne et externe. Peu le savent, mais quand vous travaillez avec la lumière, peu importe le travail que vous faites, vous vous rechargez et réajustez, équilibrez ce qui doit l'être dans votre corps, votre esprit, votre vie, vous vous autoguérissez en vous faisant un soin énergétique. Vous devez prendre conscience que c'est vous qui donnez le change en demandant à votre lumière intérieure, à votre famille céleste, de participer à ce change d'intention vibratoire, de vous guider, vous protéger et de vous assister en manifestant ces énergies actrices.

Vous devez en premier lieu vous connecter à votre cœur en lui demandant son aide, augmenter votre taux vibratoire et respirer toujours en conscience, quoi que vous fassiez vibratoirement. La respiration est cette relation énergétique consciente qui vous permet de rentrer ouvertement en toute réalisation avec votre famille céleste.

La respiration du cœur exist-en-ciel est la clé de voûte de tout ce travail conscient et relationnel avec votre divinité supérieure, pour travailler avec la lumière pour vos réalisations données. Quand vous faites un travail vibratoire énergétique en toute conscience d'Esprit, vous n'êtes jamais seul, toujours accompagné de votre famille céleste qui représente un certain nombre d'entités. Tout cela dépendra de votre relation et travail que vous avez à faire sur ce monde au niveau sacré. Cette intervention vibratoire est très élevée vibratoirement, elle vous protège, vous enseigne et vous guide dans vos implications d'intervention sur ce monde. Quoi que vous fassiez, vous déplacer, écrire, parler, penser… respirez et rayonnez avec le cœur et la lumière intelligente que l'on vous donne à vibrer, à matérialiser. Votre puissance d'être dans le JE SUIS du présent actif acteur, est d'exprimer qui vous êtes en réalité : je suis la lumière, je suis la paix, je suis l'amour, je suis l'éternité… Vous pouvez le répéter souvent pour que tout cela s'imprègne énergétiquement, se manifeste dans votre rayonnement de vie. Cette puissance créatrice de qui vous êtes réellement vous amène à vibrer énergétiquement qui vous êtes en réalité, un créateur acteur-régisseur de votre devenir. Vous pouvez aussi exprimer : je suis en bonne santé, je suis l'abondance, la prospérité, je suis heureux, je suis chanceux…

Tout ce travail de prise de conscience de comment créer, agir, transformer, équilibrer, ajuster énergétiquement une réalité à être sur votre monde, à se manifester, se donner, se matérialiser, correspond à qui vous êtes en votre être divin créateur-acteur conscient. Ce qui vous amène à rayonner vibratoirement par intuition, par intention et en permanence dans : votre famille, votre entourage, votre vie, votre ville, votre pays, le monde…, la vibration de la lumière actrice transformatrice que l'on vous donne à créer, énergétiser autour de vous.

Vous êtes simplement présent, actif dans tout lieu où vous vous trouvez, en rayonnant la lumière du ici et maintenant transmise par la source créatrice, pour aider, amener la pierre au grand changement planétaire. Vous pouvez aussi agir dans une méditation créatrice intérieure près de l'eau, dans la nature, un endroit calme… pour travailler énergétiquement sur la terre, vos politiciens, vos dirigeants, vos médias, vos religieux, la société… Vous avez un grand choix d'intervention pour aider à la transmutation du monde à ascensionner, se transformer, pour amener la lumière universelle du nouveau monde à s'installer dans toute vie à être sur terre.

19. Votre détachement de l'ancien monde

Tout se réalise pour vous par une prise de conscience de qui vous êtes en réalité, un être de passage sur terre, venu expérimenter le monde matière pour consolider son évolution divine. Tous, vous êtes là pour apprendre, découvrir ce monde de la matière, l'apprivoiser, pour ensuite vous en défaire pour parcourir en vous la vraie réalité et appartenance de « *ce que* » vous êtes en « *matière* » et de « *qui* » vous êtes en « *Esprit* ». Ce monde de la matérialisation est là pour vous aider à vous émanciper dans différents mondes terrestres qui se manifestent sur terre.

Il ne faut pas rentrer dans le monde de la cupidité où les polarités sont inversées par le monde de la matrice, où vous ne travaillez pas pour vous, mais pour une société consommatrice qui vous pousse, vous programme mentalement à vous identifier à la matière de plus en plus par des technologies nouvelles.

En jouant le jeu de la matrice, vous vous enfermez dans des carcans intellectuels de division, de soumissions intellectuelles, de prises de tête et d'illusions virtuelles. Elle vous laisse percevoir le monde comme une opposition permanente, d'ombre et de lumière, du bien et du mal, jour et nuit, le beau le pas beau… Vous êtes sous l'emprise de ce rayonnement vibratoire de la matrice qui vous enferme dans des connotations inférieures de jugement que vous donne à vivre votre personnalité égocentrique, en vous mutilant mentalement dans un monde de dualité.

Mais le monde n'est ni bien ni mal, il est ce que vous voulez qu'il soit quand vous l'imaginez, le programmez à être dans votre vie. C'est votre imagination mentaliste qui crée ce que vous êtes, comment vous vivez, qui attire dans votre sillage de vie être ce qu'elle crée.

Tout est à sa place, et c'est une loi cosmique qui s'applique pour tout le monde, où qu'il soit et se trouve à vivre. Ne croyez pas que tout est là devant vous par hasard. Chaque chose, chaque personne, chaque objet, chaque situation… possède une vibration spéciale pour être où il doit être, pour amener une action-réaction à être, amener un change énergétique à se réaliser, à se concrétiser pour amener un résultat à être dans les temps à venir.

Si vous êtes à survivre dans votre personnalité, à mentaliser tout ce que vous voyez par vos films, par ce que vous entendez dans vos radios, par ce que vous voyez… vous êtes une éponge qui croit, conçoit et vit dans la dualité du monde inférieur. C'est ce que veut votre société qui vous monte les uns contre les autres, en vous opposant par des compétitions, par de l'économie mondiale, des jeux, de la réussite sociétale, une étiquette de renom… tout cela pour vous obliger mentalement à être le plus fort, le plus beau, le plus orgueilleux, le plus reconnu… mais en réalité le plus malheureux dans la vie. Tout cela est fait pour occuper en permanence votre esprit à ruminer des illusions de tout genre, qui vous apportent, au bout d'un moment, de ne plus savoir dans quel monde vous êtes, dans quelles conditions vous vivez.

Vous fabriquer des histoires et des films dans votre tête vous coupe de votre vraie réalité existentielle, vous ne savez plus dans quel monde vous avancez et vivez, cela devient une maladie mentale, une perte d'identité.

Quand vous êtes dans un abandon total des mondes inférieurs, vous vivez libre dans votre vie, votre tête, et ne dépendez de personne d'autre que de vous-même. Vous savez que tout est où il faut, quand il faut, au moment opportun à faire bouger les choses. Le lâcher-prise permet de mettre en place des énergies d'intentions supérieures, que l'univers réalise pour vous faire réagir dans le sens de l'évolution. Il vous amène sur le chemin du changement que vous devez faire dans votre vie, pour continuer votre destinée, dans le sens divin.

Cela peut passer par des accidents, la perte de personnes chères, de biens, être ruiné… Tout cela pour un initié est un monde de transition, pas facile, mais très productif avec le temps pour passer d'un monde inerte à un monde d'ascension verticale. Quand vous vivez tout cela, il faut bien vous dire que derrière, il y a un autre monde très actif et productif qui est l'univers, pour vous aider, car pour vous, le moment est venu de reprendre votre destinée divine en main. L'univers agit dans tous les sens réactifs pour vous faire prendre une destinée bien précise et mettra sur votre route tout ce qu'il vous faut au niveau matériel, des rencontres, des événements, de l'argent, l'abondance… pour que vous ne manquiez de rien.

Maintenant, votre vie se réalise, se matérialise par le monde universel de votre famille céleste, pour que vous puissiez accomplir le pourquoi de votre venue sur terre. La personnalité n'est plus en opposition, en dualité avec le monde extérieur, qui avec le temps va s'équilibrer, s'ajuster pour fusionner avec le monde divin de qui vous êtes en Unité. Votre vie change complètement et va se créer, se manifester en rapport à qui vous êtes divinement, avec le temps.

20.   Laissez le monde souverain intérieur vous guider

Ce nouveau monde spontané, c'est votre guidance intuitive supérieure du cœur qui vous le donne à vivre quand vous laissez votre tête faire le vide-plein sans parasites, en respirant le moment présent du ici et maintenant.

Vous êtes en train de passer d'une station inerte de soumission mentale à une subtilité de conscience intelligente multidimensionnelle où vous êtes instruit par votre divinité de lumière intérieure. Cette intelligence intérieure, tout le monde la possède dans sa lumière fusionnelle de l'unité du cœur. Vous devez vous faire confiance intuitivement, voir l'autre facette dimensionnelle des autres mondes qui sont là en vous pour vous aider. On vous le rappelle pour comprendre comment et qui vous êtes en réalité. Vous êtes un être divin qui est là sur terre pour expérimenter le monde matière de la troisième dimension. Mais aujourd'hui, vous élevez votre conscience sur d'autres dimensions intérieures plus subtiles et intelligentes qui vous ont été cachées, le monde parallèle.

Vous n'êtes plus dans la troisième dimension de l'occultisme spirituel de rituels illusoires de la terre, à travailler et attirer des entités néfastes à votre évolution. Vous êtes en conscience d'esprit avec l'intelligence de la lumière où c'est elle qui est en vous, en l'Esprit saint, à convertir votre état d'être, votre vie en une conscience soutenue de cœur à être.

Vous êtes dans l'unité du cœur où la source créatrice vous donne à agir et réagir dans l'instant présent, que vous vivez énergétiquement, qui vous est donné à vibrer et créer spontanément. Le spontanément n'est pas réfléchi mentalement, mais intuitif du monde supérieur, qui à travers vous, vous informe et vous donne à agir instantanément dans l'instant présent.

Cette nouvelle conscience universelle, c'est le monde divin qui vous la donne à vivre à chaque instant de votre respiration. Souvent, tout cela va vous amener à rayonner, à vibrer et agir dans un sens inexplicable pour votre mental intellectuel, mais très actif, productif pour vous, pour votre réussite du temps à venir.

Quoi que la lumière vous donne à faire, à réaliser énergétiquement, cela sera instantané ou se produira dans les temps à venir. Vous êtes dans une réalisation supérieure, céleste et terrestre, les deux sont indissociables pour votre réussite sociale et future.

Un monde céleste, vibratoire énergétiquement, et fusionnel avec la matière terrestre donne le céleste-terrestre qui est vivant et vibrant dans la réalisation matière à être. Quand on dit vivant, c'est que la matière est vibrante et active dans son rayonnement d'implication, d'application dans les temps à venir. Ne croyez pas que la matière est inerte, elle est vibrante et agissante vibratoirement sur vous et ce qui l'entoure avec le temps, ne vous y trompez pas.

Vous êtes et vivez dans un nouveau monde réactif en toute réalisation pour amener une autre vie plus évolutive à votre divinité qui prend maintenant le devant sur votre personnalité égocentrique. L'ego aura du mal à s'y faire et vous poussera à la faute comme, penser du mal de votre prochain, vous diviser mentalement, vous mettre en doute, appréhender ce monde inconnu… Mais ce monde inconnu, ce n'est que l'ego qui en a peur, car il n'a plus de pouvoir sur vous, sur votre vie, et votre personnalité ne sera plus la même vibratoirement et mentalement.

Ce grand changement énergétique sera fusionnel par la suite avec votre personnalité qui ne pourra pas faire autrement avec le temps et deviendra divine dans son occupation être du devenir actif-productif. Cela se portera sur votre esprit, votre façon de vous habiller, de manger, de vivre, de voir la vie, de vous instruire… car ce monde-là supérieur est intuitif dans des actifs réactifs à vous faire vivre au-delà de votre conscience mentaliste intellectuelle. Vous allez vivre sur d'autres plans avec des entités supérieures que nous appelons guides, votre famille céleste.

Le monde supérieur est votre famille céleste qui vous accompagne et vous guide à chaque incarnation sur terre. Vous la connaissez bien, car elle fait partie de vous, de votre authenticité être familiale d'unité.

Vous allez vivre maintenant une vie soutenue par la lumière du cœur qui ouvrira les portes du devenir de votre nouvelle vie être du cœur, qui est, qui sait, qui agit avec le temps pour mettre en place votre devenir présent futur. Le nouveau monde de lumière est celui de votre perception intérieure qui doit devenir matérialisation, pas celui que le monde extérieur des ego veut pour son bien-être personnel, mais celui que vous allez matérialiser dans votre esprit céleste-terrestre pour qu'il prenne jour. Vous êtes des créateurs acteurs-agisseurs-transformateurs de votre devenir, si vous comprenez que le monde de votre vie, c'est vous qui le modelez à votre image, à l'image de celui que vous voulez avoir, d'abord dans votre vie en esprit, puis dans la matière, puis s'ensuivra ensuite dans votre ville, votre pays, le monde.

Le créateur est acteur de ce qu'il veut et projette son devenir, non pas conforme à des règles extérieures, mais réaliste de ce que lui donne à se nourrir la vie.

21.   La puissance de la méditation consciente

Différentes sortes de méditation active existent dans votre monde, mais la plus importante qui est réalisable par tout le monde pour sa propre évolution est celle qui vous demande de respirer consciemment l'instant présent que vous êtes en train de vivre, de vibraliser.

Cette méditation active est la porte de sa reconnaissance être du cœur, qui vous donne à échanger avec les mondes parallèles qui occupent votre espace de vie intérieure, qui sont là à vos côtés à vous montrer la voie à suivre.

Quand vous êtes en toute conscience d'esprit en Esprit, l'intelligence de la lumière, de l'énergie active, fait rayonner, bouger votre corps, le fait transiter dans un autre monde plus subtil où c'est votre divinité du cœur qui l'active et vous, vous en devenez spectateur. Ce monde-là est votre liberté être qui s'exprime et donne à votre divinité de clarifier votre vie, en mettant en avant des mouvements vibratoires à vous soigner, changer d'état d'être, amplifier vos vibrations, ouvrir les portes multidimensionnelles de vos autres consciences supérieures, pour former en vous cette unité de vie d'être vous-même entier.

Cette méditation active transformatrice est basée sur la respiration, si vous préférez, c'est comme un numéro de téléphone pour appeler et avec lequel vous allez pouvoir communiquer, échanger dans une intervention supérieure et télépathique.

Cette réalité demande de votre part un abandon à qui vous êtes en Esprit divin, faire confiance et ne pas avoir peur des grands changements qui encourront votre vie, votre état d'être. Vous allez percevoir la vie avec les yeux du cœur, une écoute instinctive intuitive et un agissement spontané dans tout ce que vous voulez accomplir, dire ou partager. Cela se fera par le verbe acteur-régisseur-transformateur de votre divinité intérieure qui agira sur votre corps, votre esprit, votre vie, vos amis, votre famille… pour vous amener à retrouver votre entière autonomie divine.

Nouveau monde, nouvelle conscience de vie qui ne dépend plus de votre intellect, mais de votre intuition active du moment présent. Voilà ce qu'est une méditation active transformatrice, utiliser son potentiel divin par la pensée où vous pouvez agir sur beaucoup de réalités qui vous entourent.

N'oubliez pas que rien n'est impossible, tout est réalisable avec une foi impénétrable qui vous donne à susciter des forces intelligentes à évoluer et travailler avec vous. D'autres méditations existent, aussi puissantes, comme celles qui consistent à rentrer dans ses profondeurs pour agir sur la réalité terrestre en mettant en place, en mouvement, des intentions énergétiques pour faire changer le monde. Toutes les méditations sont puissantes en rapport à votre état d'être et votre esprit à convertir et agir en connaissance de cause, avec toujours la guidance de votre famille céleste qui vous enseignera à agir intelligemment.

Vous avez des atouts vibratoires énergétiques pour changer de plan, de dimension, pour rentrer dans celle de votre reconnaissance intérieure pour agir maintenant intelligemment, pas seul, mais avec une guidance propre à vous-même, sans vous occuper du monde extérieur qui ne fait pas partie de votre évolution, mais de votre aide à amener subtilement un grand changement de conscience sur terre.

Les forces intérieures

Ces interventions sont des prises de conscience qu'il existe en vous un autre potentiel d'action de grâce qui institue des pouvoirs divins à agir, transformer et améliorer votre état d'être, votre vie. Cette force intérieure est votre divinité avec qui vous collaborez et vivez pleinement votre vie. Vous n'êtes plus dissocié de votre lumière intérieure et vous agissez consciemment pour créer votre nouveau monde qui coïncide avec votre nouvelle vie être du cœur. Cette résonance vibrationnelle avec cette force intérieure ce réalise quand vous comprenez que vous devez agir maintenant avec cette dimension supérieure, pour manifester ou construire votre nouvelle vie être. C'est elle qui va vous aider, vous enseigner tout ce que vous devez faire, agir, échanger, planifier, créer… dans le moment présent, car à ce moment-là, l'énergie est active et puissante pour donner vie à une intention de vie être. Quand vous êtes conscient de cette puissance de pouvoir divin, vous vous abandonnez à la foi porteuse pour manifester ce qui doit l'être, avec votre cœur, en respirant lentement avec le chakra du cœur et en cocréant ce qui vous est donné à manifester.

Cette force divine intérieure est très puissante quand vous en avez la compréhension suprême, de comment agir et cocréer ce qui doit l'être au moment exact quand l'énergie est active. Fiez-vous à votre intuition quand une idée, une pensée, une action, une parole, un agissement… doit se mettre en mouvement d'action de grâce, c'est qu'elle est déjà existante dans une autre réalité parallèle et doit maintenant incarner le monde céleste matière de votre vie. L'énergie est active dès que vous la créez, la réalisez avec votre cœur. Vous n'avez pas le temps de finir votre phrase pour la matérialiser qu'elle est déjà en mouvement d'action dans le temps vibratoire, car elle était déjà en vous à se manifester pour que vous, consciemment, vous lui donniez la vie en troisième dimension.

22.   La connexion est la clé pour votre abondance

Quand vous changez de conscience et de dimension pour vivre votre nouvelle vie être céleste, elle ne vient pas du monde de la personnalité, elle vient d'un monde spontané du cœur, de votre famille céleste qui maintenant prend en charge votre devenir présent de chaque souffle que vous émettez. Vous êtes connecté directement avec votre divinité intérieure qui va s'exprimer et réaliser votre vie simplement, sans amonceler des richesses, mais vous ne manquerez de rien dans votre vie. Votre esprit va rentrer en contact et fusionner avec un monde intelligent où c'est la lumière qui va vous donner à vivre, vous guider dans vos recherches intérieures, extérieures, mettre en place les éléments indispensables pour votre bien-être, qui vont pouvoir vous aider à ascensionner.

Vous allez vivre votre vie instantanément dans le moment présent de l'intelligence de la lumière où vous allez recevoir des informations pour créer votre devenir céleste-terrestre. Vous n'allez plus voir pour croire, ce qui est la définition du monde de la personnalité égocentrique. Vous allez croire pour voir ensuite la matérialisation intelligente de l'énergie réaliser vos souhaits.

Croire pour voir est ce monde supérieur de l'intelligence

de la lumière où vous créez dans votre imagination ce que vous voulez avoir dans votre vie. Vous n'êtes plus dans un monde de contemplation, vous devenez acteur et transformateur de votre devenir en créant intérieurement, par vision interne, ce que vous voulez acquérir, transformer, changer.

Votre canal intérieur est en fonction verticale avec le monde supérieur qui vous donne par idée, par intuition, par intention, par rêve, par télépathie… à agir dans la créativité consciente de l'instant présent que vous respirez. Quand vous recevez ces informations pour agir, c'est que l'énergie de la créativité céleste-terrestre vibratoire existe déjà dans le monde universel, et vous devez maintenant l'incarner, l'appliquer ou l'imprimer dans la forme matière en la matérialisant dans votre esprit, dans l'énergie céleste-terrestre pour la réaliser matière à être. Commence pour vous une nouvelle vie être où vous ne cherchez plus dans un monde extérieur, vous travaillez intelligemment en créant et mettant en forme ce qui doit être une réalisation céleste-terrestre pour votre ascension.

Vous allez vivre une vie différente du monde terrestre où vous allez impliquer votre divinité à participer à votre évolution, votre réussite céleste-terrestre pour énergétiser et bénir tout ce que vous faites. Vous recevez, vous l'impliquez énergétiquement dans le monde terrestre, pour qu'avec le temps, l'énergie se matérialise au bon moment de l'intention universelle. Vous êtes dans la création consciente où vous visualisez intérieurement votre présent futur pour quand le moment vient vibratoirement à se matérialiser, l'énergie active de votre création puisse rayonner ce pourquoi vous l'avez voulue et créée.

Votre personnalité ne pourra intervenir dans ce monde-là, car ce monde vibratoire énergétique, pour elle, est inexistant. La personnalité est terrestre, appartient au monde de la troisième dimension, mais quand elle fusionne avec le monde divin, elle devient céleste-terrestre dans son implication divine. Elle vibre, change de dimension d'action et participe consciemment à votre évolution ascensionnelle sur terre. Vous changez de dimension, vous n'évoluez plus dans la troisième dimension, vous êtes dans d'autres dimensions plus élevées qui sont en rapport à votre ouverture d'esprit, à votre prise de conscience, pour échanger consciemment avec les autres mondes.

Comme vous le voyez, votre vie, votre travail, votre façon de vous habiller, vos amis, vos habitudes, votre façon de vous nourrir, votre maison, votre lieu… tout est en transition d'élévation en rapport à votre accomplissement céleste-terrestre que vous devez accomplir sur terre. Les contraintes, les habitudes, les peurs, les doutes… ne font plus partie de votre vie maintenant. Elles appartiennent au passé de l'ego et vous n'êtes plus l'ego, vous êtes unité fusionnelle de votre transition d'un plan involutif en un plan ascensionnel de créativité consciente, intelligente, de croire et voir le devenir de votre créativité et demande de votre part.

Vous allez devenir un exemple d'évolution et de changement pour les autres, avec votre rayonnement supérieur d'intention. Vous allez vibratoirement pouvoir les aider à évoluer, se soigner, résoudre et soulager leurs problèmes, leurs maux… simplement en rayonnant l'amour, la paix, la lumière dans leurs corps subtils, leur corps et leur esprit.

23.   Ne vous laissez pas envahir par les rituels illusoires

Vous comprenez que vous n'êtes plus en attente de quoi que ce soit du monde extérieur, un monde de fariboles qui vous maintient dans l'endoctrinement et le conditionnement des rituels tels des dates bien précises de joie, de malheur, de désolation mentale… à vous soumettre à des règles, sans le savoir, d'obéissance mentale, d'habitudes, pour ne vivre qu'à travers le passé des autres.

Toutes ces fêtes, ces mémorations, ces conceptions d'obligation, d'endoctrinement, sont des soumissions d'appartenance à des règles bien établies par la matrice, pour vous faire réagir mentalement, intellectuellement à participer aux conceptions d'un grand égrégore inférieur de programmations et d'émotions, qui vous tire vers le bas, d'autoflagellation mentale.

Toute cette occupation mentale vers le passé vous maintient en servitude des obligations qu'ont vécues d'autres missionnaires pour leur évolution sur terre. Cela leur appartient et n'a plus lieu d'être remémoré pour attirer en vous ces vibrations d'antan qui ne sont que néfastes à votre évolution personnelle et vous maintiennent mentalement dans le monde du passé de la peur. N'oubliez pas que si vous êtes dans le passé des autres, des commémorations de tel ou tel événement, vous attirez en vous l'égrégore de ce passé néfaste et ces liens de peurs. Vous attirez dans votre sillage de vie des entités nébuleuses qui se raccrochent à vous et vous font vivre le martyre dans votre tête, votre corps, vos corps subtils, votre vie… sans que vous ne sachiez d'où viennent tous ces problèmes.

Cette réalisation d'autoprogrammation mentale bien conçue vous mène tous à aller vers la même réalisation vibrationnelle d'émotions, de stress, d'angoisse, de peur…, vous donnez votre énergie vitale à des réalités du passé qui n'ont plus lieu d'être et vous vous soumettez à ces énergies inférieures d'autodestruction mentale de peur.

Le passé appartient au passé, à ceux qui se sont incarnés pour amener leur intention de vie être à agir, à réaliser des choses, à se manifester pour amener une évolution, un changement. C'était leur mission de vie, mais cela n'appartient qu'au passé, à ceux qui l'ont vécu et l'ont agencé et voulu par leur incarnation dans cette époque.

Alors, pourquoi toujours survivre à travers le passé des autres ? La matrice veut cela, que vous soyez emprisonné dans le monde inférieur des énergies néfastes de la peur, des émotions et soumission mentale. Vous la nourrissez de ces énergies que vous attirez en vous pour qu'elle continue à exister, grâce à ces rituels d'illusion qu'elle vous impose à vivre grâce à vos bergers, les politiciens et votre gouvernement.

Vos fêtes, elles aussi, sont néfastes quand vous vous liez vibratoirement à ces énergies conçues à vous maintenir dans l'ambiance de l'involution, du paraître, de la consommation à outrance, car vous nourrissez le monde parasite de toutes ces illusions d'obéissance à des règles bien conçues pour servir la matrice de l'ombre. Ce monde-là de la matrice est vécu et fait pour vous maintenir dans l'occupation de vos obligations programmées envers elle, pour la nourrir de ces énergies anciennes de rituels qui la maintiennent en action-réaction envers vous énergétiquement.

Quand vous fêtez quelque chose du passé, vous réactivez des forces antérieures inférieures à se manifester dans votre corps, vos corps subtils, votre vie, votre famille… C'est une règle fondamentale de soumission intellectuelle qui a toujours existé et que vos dirigeants connaissent et pratiquent très bien. Vous en récoltez la désolation énergétique qui vous maintient dans de basses fréquences vibratoires et attirez en vous les entités qui leur correspondent vibratoirement.

On ne vous dit pas de ne rien fêter, bien au contraire. Vous devez vivre votre vie en fêtant chaque souffle de vie qui vous est donné à vivre, qui vous permet de vous réaliser, de vivre le présent du ici et maintenant. Quand vous vous réveillez le matin dans votre lit, avec votre compagnon, votre compagne de route, remerciez la vie de la joie qu'elle vous donne de vivre encore une fois une belle journée avec votre famille, vos amis, de profiter de la vie sur terre. Ceci est la vraie fête initiatique de l'évolution en toute conscience d'esprit, que vous devez vivre chaque jour à votre réveil. Profitez de vos amis, de la vie, pour faire ce que vous avez à faire sans obligation extérieure.

Votre fête à vous est l'instant présent, la spontanéité du cœur qui vous donne à vivre, à matérialiser votre vie instantanément, c'est ce que vous vivez, partagez et amenez autour de vous par votre présence d'esprit à être, JE SUIS. La fête est à chaque moment que vous passez à faire ce que vous voulez sans contrainte, sans que l'on vous dise : demain c'est noël, c'est ton anniversaire, c'est la fête de… Vous vivez votre vie pleinement sans rien attendre du monde extérieur et quand vous voulez faire un repas familial, faites-le, car vous ne savez pas comment demain sera fait pour vous.

Le plus important est l'instant présent du souffle divin que l'on vous donne à vivre, à créer, à manifester, à souhaiter. La vraie vie n'est pas celle du passé, des rituels d'obligation mentale à faire ce que le monde de la troisième dimension impose à tout le monde, à vous soumettre à des conceptions générales de tous vivre la même chose au moment que l'on vous dit, que l'on vous impose, à ramener des formes négatives, des entités néfastes dans votre vie, votre maison, votre famille.

La pensée communautaire de la matrice n'est pas vôtre, elle appartient au monde de la personnalité égocentrique obéissante qui se laisse manipuler mentalement par obligation de faire comme tout le monde. Laissez le passé au passé, vous êtes la nouvelle conscience universelle qui est et devient le futur de votre imagination du moment présent, quand vous êtes libre en esprit et ne dépendez de rien d'autre que de vous-même.

Vous êtes des êtres divins quand vous êtes libres en esprit et en unité du cœur universel. La matrice sociétale vous a formaté à ne réagir que comme le veulent certains rituels qui vous imposent des dates renouvelables chaque année, par obligation, obéissance à suivre la pensée communautaire d'agir et faire quand on vous le dit.

Un exemple concret : votre jour du saint Valentin, votre déclaration d'amour, un jour pour démontrer votre amour en offrant un présent, les autres jours surtout pas, ce n'est plus de l'amour, mais une habitude de vivre ensemble. L'amour est une vibration permanente que vous vivez et partagez à chaque instant, sans obligation de faire un cadeau, vous le pouvez, mais votre attention d'amour peut être un sourire, une promenade, une occupation de faire ensemble quelque chose, votre présence… L'amour inconditionnel est de vivre et rayonner chaque instant de votre vie ce que vous aimez faire, accomplir, réaliser, transmettre, apporter… à chaque personne, chaque arbre, chaque vie sur terre sans limites, sans rendre de comptes à qui que ce soit. L'amour est une énergie universelle de partage, d'abondance, de sérénité, de conception, de souhait… et se produit à chaque souffle que votre cœur vous donne à vibrer, à refléter autour de vous pour le distribuer, en rayonnant votre bien-être autour de vous.

C'est l'amour universel sans limite, sans contraintes, sans date… sans restriction égocentrique. Cela est le vrai amour inconditionnel que chaque humain doit rayonner, donner, distribuer à chaque souffle que lui donne à vivre la lumière de son cœur.

24. La transition avec sa flamme violette du cœur

L'évolution de la personnalité se fera grâce à la transition avec votre flamme violette du cœur de l'âme. La nouvelle conscience du cœur universel se fait avec sa flamme violette, pour agir, créer, manifester, se soigner.

Des intentions universelles de votre cœur de l'âme vous sont données pour participer à la grande transition planétaire. La flamme or, elle, correspond à l'énergie christique, qui peut vous aider sur beaucoup de réalisations internes externes.

Quand on vous dit d'être JE SUIS, c'est que vous êtes le cœur de l'âme de la flamme violette intérieure du chakra du cœur où se place votre esprit maintenant pour vivre, qui est vous en son entier, dans votre réalité exist-en-ciel de votre être divin. Vous n'êtes plus l'ego de votre personnalité, vous êtes une unité universelle sans division de votre cœur fusionnel.

Vous êtes la conscience présente du chakra du cœur qui s'exprime, vit maintenant chaque souffle du cœur de la flamme violette donnée, pour être entier, sans séparation.

Vous êtes la lumière divine de votre cœur d'âme, vous êtes aussi la flamme dorée du cœur qui agit, vibre, donne vie, reçoit des savoirs, des enseignements…

Votre personnalité, qui se trouve dans l'alignement intérieur de son axe du cœur de l'âme, génère une vie de soi différente en relation avec les plans dimensionnels universels de votre famille céleste.

Demandez à votre cœur de vous aider à mettre en place votre nouvelle identité intérieure de votre conscience réalisée. Vous fusionnez dans ce monde unifié du cœur de l'âme pour construire ce qui est universel pour vous et votre destinée divine.

Table des matières

À *propos de l'auteur :*

Alain Jean Reynaud évolue avec son cœur d'âme et sa famille céleste. Son regard est toujours porté à l'intérieur où la guidance est intuitive avec des intentions spontanées que lui donne le monde supérieur à manifester, enseigner, créer, mettre en mouvement vibratoire. La priorité de son évolution d'âme en toute conscience est de toujours faire passer le monde sacré, sa mission de vie, avant le monde matière. Ces enseignements que les messages universels lui donnent sont toujours en correspondance avec le moment présent de ce que l'on doit faire pour ces temps de transition. Sa guidance est universelle dans son cœur d'âme.

<u>Déjà paru</u> :

Le Nouvel Homme Divin – auteur Alain Jean REYNAUD
« Comment fusionner pour diviniser la personnalité égocentrique »